"一起向未来"
社会实践系列丛书

丛书主编 李岭涛 薛文婷 钟 海

青年笃行

服务北京冬奥会
社会实践案例

郑珊珊　刘贺娟
夏 天　陈志生　主编

Together
for a Shared Future

中国国际广播出版社

图书在版编目（CIP）数据

青年笃行：服务北京冬奥会社会实践案例/郑珊珊等主编.—北京：
中国国际广播出版社，2022.11

（"一起向未来"社会实践系列丛书）

ISBN 978-7-5078-5258-5

Ⅰ.①青…　Ⅱ.①郑…　Ⅲ.①冬季奥运会－志愿者－社会
服务－案例－北京　Ⅳ.①G811.212

中国版本图书馆CIP数据核字（2022）第212590号

青年笃行——服务北京冬奥会社会实践案例

主　　编	郑珊珊　刘贺娟　夏　天　陈志生	
策划编辑	祝　晔　赵　芳	
责任编辑	张　玥	
校　　对	张　娜	
版式设计	邢秀娟	
封面设计	赵冰波	

出版发行	中国国际广播出版社有限公司［010-89508207（传真）］
社　　址	北京市丰台区榴乡路88号石榴中心2号楼1701
	邮编：100079
印　　刷	环球东方（北京）印务有限公司

开　　本	710×1000　1/16
字　　数	230千字
印　　张	19.75
版　　次	2023 年 4 月　北京第一版
印　　次	2023 年 4 月　第一次印刷
定　　价	68.00 元

序　言

2022北京冬奥会、冬残奥会是在全党全国各族人民向第二个百年奋斗目标前进的重要时期举办的重大标志性活动。在世界百年未有之大变局和新冠肺炎疫情的复杂背景下，北京冬奥会、冬残奥会的成功举办，向世界展示了我国自信、开放与包容的大国形象，为世界发展贡献了中国智慧和中国方案，向世界践行了奥林匹克精神和人类命运共同体理念的完美融合。

一直以来，由于历史、技术等诸多因素，中国对外传播存在一定的弱势，但是在本次冬奥会中，无论是在开闭幕式中我国特有的文化符号的媒介仪式化呈现，还是赛场内外"一起向未来"理念的体现，都表明我们借助于本次赛事的契机，立足于本土体育文化，不断讲好中国体育故事。

北京体育大学新闻与传播学院始终着眼于中华民族伟大复兴战略全局，扎根于中国体育独有的土壤，紧抓重大历史机遇，结合自身优势特色，全方位立体化地谋划体育传播学科的专业教学和青年人才培养。近年来，为实现我国体育传播的自立自强、卓越发展，培养造就一大批高水平的体育传播人才，新闻与传播学院划分体育新闻传播、体育赛事解说和体育赛事制作三个研究方向，针对不同的实际需要设定不同的专业目标，将体育传播的专业教学融入国家和社会发展大局，共同构建敢于担当、底蕴深厚的体育大国形象，为国家富强、民族复兴、人民幸福贡献力量。

本书作为体育新闻传播人才培养的专业实践教材，共选取24个案例，分为体育赛事解说和体育赛事传播两个部分，聚焦学生在解说、媒体运行等不同岗位上进行的志愿服务、专业实践等，每个案例主要从背景介绍、岗位分析、主要内容、典型活动、成效评价、实践思考6个层次展开。

体育赛事解说部分共计7个案例，案例一、二围绕北京体育大学新闻与传播学院和中央广播电视总台中国之声共建的"2022北京冬奥会直播—北体解说"的实践案例进行分析，总结了解说团队10个学生出色地完成冬奥特别节目《一起向未来·决胜时刻》《一起向未来·冬奥之夜》的主持以及16场赛事的解说过程、经验和实效，让学生在"实战"中检验、提升自身的专业能力，以实际行动弘扬体育精神、传播中华体育文化。案例三围绕新闻与传播学院与北京体育广播双奥之声共建的实践案例进行分析。重点记录5个学生如何从事新媒体编辑工作以及生产短视频类的新媒体作品，全面总结学生提升媒体融合时代下的综合能力的过程和经验。案例四至七围绕新闻与传播学院与咪咕视频共建的"2022北京冬奥会直播—北体解说"的实践案例进行分析。其中，共计有30个学生解说了冰球、冰壶、雪车与钢架雪车、花样滑冰等5个项目共计66场比赛，解说实践得到了《光明日报》、新华网、《中国纪检监察报》等主流媒体的宣传报道，也得到用人单位以及社会大众的一致好评。

体育赛事传播部分共计17个案例，主要分析北京冬奥会期间学生志愿者在不同场馆、不同运动项目中的志愿服务以及实践情况和心得体验。案例八至十一围绕学生在国家体育馆担任摄影运行领域、新闻运行领域以及记者工作间志愿者的经历；案例十二、二十至二十三围绕学生在国家速滑馆分别担任记者看台席助理、媒体运行志愿者、混合采访区及摄影运行志愿者、转播信息办公室志愿者、记者工作间志愿者以及新闻发布厅志愿者等相关工作的经历；案例十三、十九带我们深入北京冬奥村和张家口冬奥村，感受冬奥的另一种氛围；案例十四、二十四则聚焦于张家口赛区，展现了同学们为古杨树场馆群转播综合区服务和在冬季两项中心OBS工作区服务的宝贵经验；案例十五至十八针对不同比赛项目，让我们感受到了身处国家体育场、国家游泳中心、国家高山滑雪中心以及首都体育馆花样滑冰领域的同学们带来的不一样的工作体验。

2022北京冬奥会、冬残奥会已闭幕，学生们的志愿服务和专业实践也画上了圆满的句号，但是北京冬奥精神的传播和弘扬不曾停歇。新闻与传播学院将坚持立德树人、培根铸魂，深耕"体育大思政"，引导学生将个人理想融入体育强国梦、中国梦；不断改革和创新人才培养模式，对标媒体融合发展下国家和社会的需求，培养"召之即来，来之即战"的卓越体育新闻传播人才。

郑珊珊

2022 年 11 月 29 日

目　录

案例一　讲好中国体育故事，传播中国体育强音

——中央广播电视总台中国之声《一起向未来·决胜时刻》

服务地点：中央广播电视总台

服务人员：殷雪怡、刘颖健、曹智、段怡君、王笑阳

【摘要】2022北京冬奥会期间，北京体育大学解说团队（简称北体解说团队）共有15名同学参与到中央广播电视总台中国之声的冬奥节目录制中，其中5名同学作为主持人进行了15场《一起向未来·决胜时刻》节目的主持直播。北京体育大学解说团队一直把服务体育事业发展、服务北京冬奥当作自己的职责和使命，坚持用心吐字、用爱发声，出色地完成了直播任务，以专业优势彰显青年担当。新闻与传播学院通过与主流媒体共建形式，为学生搭建实战平台，将专业人才培养与媒体发展、社会需求充分对接，力求提升学生的社会核心竞争力，实现"召之即来，来之即战"的目标。

一、背景介绍

在2022北京冬奥会期间，北京体育大学新闻与传播学院体育赛事解说班的同学们参与了中央广播电视总台中国之声冬奥特别节目的主持与直播。节目主要分为三个版块：第一，与中国之声主持人搭档解说北京冬奥期间相关赛事项目（共5人）；第二，作为特邀主持人进行《一起向未来·决胜时刻》（共5人）特别节目的直播；第三，作为特邀主持人进行《一起向未来·冬奥之夜》（共10人）特别节目的直播。

为确保本次专业实战的顺利进行，学院对参选同学进行了非常严格并且全面的考查。首先是冰雪项目知识素养考核，考查学生对2022北京冬奥会出现的所有项目的历史、规则、重要运动员等内容的掌握程度。其次是赛事解说考核。参选同学通过知识素养考核后，将进行专项解说、综合日常表现等方面的考核，确保学生的即兴表达、控场应对等专业能力达标。最后是进行思想政治考核。通过三轮考核的学生进入最终"大名单"。之后，这些同学将进行紧锣密鼓的综合培训。

学院邀请业界一线解说员、学者专家等针对北京冬奥会的赛事解说实践组织了多场讲座。同时，体育解说团队的专业教师指导学生们在抖音、快手等直播平台上进行了北京冬奥会直播训练，每天轮换不同的同学就即将开始的冬奥会项目的看点进行直播互动。同学们还需要每天在短视频平台上制作出一段有关2022北京冬奥会的视频。在宣传2022北京冬奥会的同时从实践出发锻炼同学们的口语交流能力，确保同学们在主持、解说实践中，能够坚持党性原则、保持政治敏锐性，增强"四个意识"、坚定"四个自信"、坚决做到"两个维护"，致力于讲好中国故事，传播好中国声音，弘扬中华体育精神。

图1　中国之声北体解说团队宣传海报

二、岗位分析

北京体育大学新闻与传播学院参与服务北京冬奥会，与中央广播电视总台进行冬奥节目和赛事解说共建项目，为培养卓越解说人才提供了契机和载体，共有5名同学参加了《一起向未来·决胜时刻》特别节目的直播。

北京体育大学新闻与传播学院的5名同学每日与方亮老师和郝迪老师搭档参与到每日冬奥会赛事梳理、评述中，这期间若有同步赛事也会进行实时信号切换和赛事解说转播，这对同学们的即兴评述、心态调控、控场能力都提出较高要求。《一起向未来·决胜时刻》的节目流程为每日赛事金牌榜情况、夺金梳理、抽奖题目放送、每日赛事连线、明日冬奥天气。在固定的几个节目版块中，经常会出现连线时对方断线、时间把控出现出入等问题，需要主持人作出即时反应，这对于同学们的广泛备稿能力要求严苛。此外，节目播出期间还会对正在进行的比赛进行实时的解说并与前方记者进行连线，对冬奥会现场、赛场之外的情况进行更详细的介绍。记者连线是一个非常重要的版块，体现了新闻的及时性。只有真正了解前方报道的项目、理解记者所说的内容，并且在采访中和记者积极互动、提问，才能更好地报道冬奥赛事。

三、主要内容

（一）前期准备

在《一起向未来·决胜时刻》节目中，工作者主要需要对当日夺金点以及具有时新性的信息进行梳理。由于该节目是一档新闻性较强的节目，因而在内容上需要具有更高的准确度。在这档节目当中，除了对当日比赛进行实时的转播，还插入了第二日重点赛事的预告，这就对同学们提出了如下要求：首先，具备对项目的整体把握和认知；其次，有一定的新闻播报能力。这个岗位将赛事解说对体育项目认知的专业性和对播音主持的要求深度结合。《一起向未来·决胜时刻》需要同学们在节目前一个小时左右到岗，在到岗之后编辑老师会将当天的稿件发给同学们。在准备中，一方面要熟悉当天播读的内容，另一方面也要熟悉当天计划转播的内容。在节目录制前要准备好耳机，以便在节目中收听节目的返送。2020级学生王笑阳提到，《一起向未来·决胜时刻》主要以新闻为主，并且结合当日冬奥项目进行讨论，因此在参加节目的前一天他回看了近两日比赛的回放，仔细研究相关冬季项目的规则，总的来说准备得还是比较充分的。

（二）节目录制

2022年2月17日，曹智在和方亮老师搭档的节目《一起向未来·决胜时刻》中有很多收获。他在2月7日第一次主持节目的时候，一直非常紧张，而且当时的主持内容是郝迪老师临时给他的，因此他在播报和对记者提问时说得有些磕巴，听起来很不自然。2月17日，当他再次主持《一起向未来·决胜时刻》的时候，已经适应了节目的形式和流程，对于方亮老师安排的任务也能较好地完成。同时，在主持的时候，他发现方亮老师并没有按照稿子上的内容进行主持和采访，更多时候是加上了自己对项目的理解，这样会使听众更容易理解。在和记者连线的过程中，方亮老师也没有模式化地按照稿子上的内容进行提问，他更多时候是和前方记者聊天，根据记者的反馈再抓住听众感兴趣的内容进行追问，整个采访过程十分自然。于是曹智在单独采访的时候，对采访的问题进行了一定的补充，并且在两个问题之间进行了承上启下的连接，虽然没有过多的互动，但是整个过程也显得较为灵活生动。

（三）直播总结

智慧来源于对生的沉思，经验不仅来自直播前的准备和直播中的历练，更在于直播结束后的复盘和总结。2020级学生王笑阳在直播结束后进行了节目的回听，发现了自己在节目中的一些瑕疵。第一，在节目中，方亮老师在与导播沟通交流的过程中会抛给他一个话题，要求他用2—3分钟的时间进行评述，这非常考验他的临场反应能力和知识储备。对此，他认为自己完成得并不完美，仍有很大的提升空间。第二，在节目中，有时他只是对比赛项目以及中国选手的情况进行单方面描述，或讲述该项目相关知识，并没有对该项目正在进行的看点作出非常完美的解读，这也是比较遗憾的地方。第三，由于他希望将准备好的东西尽量全部呈现出来，因此东拼西凑，使得逻辑略显混乱。

四、典型活动

（一）凌波微步，青年印迹

2022年2月8日晚，北京体育大学新闻与传播学院21级研究生殷雪怡参与解说了谷爱凌自由式滑雪大跳台比赛。解说完比赛后，她得出以下体会："首先，我们日常接受的解说学习和训练都是基于视频画面的，在广播中进行解说是一次全新的挑战和尝试。在解说中，一方面要介绍比赛画面，另一方面也要让视野更加开阔。例如，在比赛过程中，运动员起跳后和背后首钢工业园中遗留下来的冷却塔相呼应，这个场景应当用语言描述出来，以体育为媒，展示中国近年来的发展变化，讲好体育故事的同时展示国家形象。其次，自由式滑雪是一项小众的项目，其中很多动作如果只说专业名词很难让受众明白，因此需要用语言进一步描述动作，这一点是需要加强的。最后，要注意自己语言的简洁性和词汇的多样性，减少口水话，使用更加精练的语言进行解说，在平时也要加强词汇量和好词好句的积累。"

（二）即兴表达，如临现场

2022年2月7日晚，北京体育大学新闻与传播学院2021级研究生曹智和郝迪老师一起主持《一起向未来·决胜时刻》，当天21：00正好是短道速滑男子1000米的决赛，于是中国之声便临时转播了这场比赛。在一般情况下，《一起向未来》新闻版块的内容并不是转播比赛，不过刚好在这个时间段有一场短道速滑比赛，那么相对应的节目也将变成比赛的电台转播。临时转播比赛对于解说员来说是一场不小的考验，解说员的临场发挥和即兴评述能力需要在以电台为媒介的转播过程当中进一步发挥，要做到使听众身临其境，如临现场。在节目中单纯对比赛赛况进行总结式播报缺乏吸引力，对比赛进行实时转播更能给听众营造一种身临其境之感，也更能反映出融媒体时代体育新闻实时传播的特点。节目中，解说员达到了体育解说当中"对象感""交流感"的要求，很好地在中国之声电台实践了体育解说技能。

（三）纸上学浅，还需躬行

北京体育大学2020级本科生段怡君在实习中认为，中央广播电视总台中国之声偏重考查播音主持专业功底，此次冬奥会实践过程中她最大的收获就是与业内翘楚搭档学习。段怡君说，之前只是在书本上学到"主持人是节目的灵魂，起到穿针引线的作用"，并没有太大的感触，但这次与方亮老师、郝迪老师一起做新闻节目，他们的控场能力、交流能力、调动能力等都让她深感震撼，也让她实现了在播音主持创作道路中"深入理解—具体感受"的一环。感受过后，她也开始模仿搭档老师的状态，虽然在这个过程中这种模仿略显笨拙，但是她自认为实践的成果还是很不错的。最重要的是，她认为自己找到了专业的"感觉"，这是此次最大的收获。

五、成效评价

（一）服务北京冬奥会，做好"体育大思政"

在《一起向未来·决胜时刻》节目中，5位同学积极服务2022北京冬奥会的转播，在节日中充分传递冬奥精神、宣传冬奥项目，完成助推3亿人参与冰雪运动的目标。在节目中各位同学坚持党性原则，保持政治敏锐性，增强"四个意识"、坚定"四个自信"、坚决做到"两个维护"，正确引导舆论，传播体育精神，弘扬中国传统文化，致力于讲好中国故事，传播好中国声音。2021级研究生殷雪怡认为，本次冬奥会实践给她带来了很多收获，让她能够把课本中所学到的新闻传播学、播音主持学知识运用到日常生活中，做到知行合一。文献上的文字逐渐生动起来，她也真正成为一名讲好中国故事、传递中国声音的新闻工作者。对此，她深感荣幸。

（二）全线跟踪赛事，积累实战经验

2022北京冬奥会共设7个大项，15个分项，109个小项。北京赛区承办所有的冰上项目和自由式滑雪大跳台项目，延庆赛区承办

雪车、雪橇及高山滑雪项目，张家口赛区承办除雪车、雪橇、高山滑雪和自由式滑雪大跳台之外的所有雪上项目。《一起向未来·决胜时刻》节目播出过程中，以新闻资讯、比赛转播、记者连线、实时金牌榜的形式将所有项目传递给听众。同学们在节目类型编排、节目内容设置方面树立了编辑思维，积累了解说世界级大赛的经验，这些都能够在今后的赛事转播中运用。

（三）深入媒体融合，提升综合能力

《体育强国建设纲要》明确提出："构建体育全媒体传播格局，打造体育融媒体产品，发挥短视频平台、微博、微信、客户端等在体育文化传播中的积极作用。"本次冬奥实践在央视频、云听等国家级新媒体平台播出，通过可视化广播的方式构建了多元传播矩

图2　殷雪怡参加中央广播电视总台中国之声节目直播

阵。受众可以选择自己喜爱的方式参与到节目中，并且积极参与直播互动，赢取节目送出的礼物。让2022北京冬奥会这样的盛会更好地"破壁出圈"，深入老百姓的日常生活中。

六、实践思考

（一）经验总结

1.话筒前表现需松弛，敢说敢评

对于大部分同学来说，这应该是第一次上专业的电台节目，而且是中国之声这样的大平台，所以初期紧张是在所难免的。在电台节目中，观众唯一能够感受到的就是你的声音表达，声音是唯一的桥梁（现在可视化电台节目中也会有图像，但这是次要的），如果你的状态很紧绷，你的声音就会出卖你。

中央广播电视总台的老师在话筒前的表现非常自然，他们的状态和话筒外没有什么大的不同，表达上也是娓娓道来，让听众感受到强烈的交流感。我们的同学现在还处在不说错话的阶段，要想达到自然的效果，还需要日积月累的练习。但是经过几次直播后，大家的能力都提升得很明显，在话筒前的状态愈发自然，也愈发敢于表现自己。除了声音状态外，内容也是非常重要的部分。中央广播电视总台希望我们北京体育大学的学生参与其中就是看中了我们的专业性、我们的年轻活力。所以我们需要在节目中展现我们的特质，打造属于北京体育大学新闻与传播学院体育赛事解说班的品牌。我们如果太拘谨，或者不敢多说话、发表自己的观点，就达不到好的节目效果。我们需要敢说敢评。

2.对文稿进行注释，把握细节

"有稿播音锦上添花，无稿播音出口成章"，这是播音教学中对人才培养的一贯要求。无稿播音，即基本没有文字稿件依据的播音，或叫即兴播音，包括独白性口语和对话性口语。它是一种话筒前的口语活动，是主持人语言的一种不可或缺的重要表达形式。在《一起向未来·决胜时刻》节目中既有有稿播音的新闻播读部分，也有针对比赛的无稿播音部分。无稿播音部分要求同学们在进行实践时必须有组织内部语言、组合语言和表情达意以及调节整理语言的能力；准确把握重音、停练、节奏、语气，在此过程中把握发挥对象感、内在语、情景再现等日常学习到的内部技巧。对于这两个部分依然可以总结出共性：无论是进行哪一个版块的工作，运用日常学习到的内部技巧还是外部技巧都需要从"真情实感"出发，发自肺腑地因一场好球而激动，全心全意地为呈现一场完美赛事而不懈努力，为赛场上每一个失误而遗憾，为每一个情理之中、意料之外而欢呼雀跃。对于这些现象的本质把握就是培养学生正确的人生观、价值观、世界观，在三观的指导下作出正确的价值判断和价值选择，为今后国家发展与个人发展注入核心动力。

3.提高逻辑能力，穿针引线

逻辑能力贯穿生活工作的方方面面。主持人在起到穿针引线的作用时，最核心的是逻辑思辨能力，如何能在短时间内抓住对方话轮的重点、重心，这种能力是需要长时间积累、培养的。要解决这一问题需要从两个方面下功夫。首先是书本，借书本明智。其次是生活，在生活中养成善于思考、勤于思考的习惯。在与对方谈话时把每一场谈话都当作自己的一次采访，牵头曳尾，在这个过程中提高自己的思辨能力。思辨来自强大的知识背景，有足够丰厚的知识储备才能提升自己的思辨能力。在知识储备方面，苗霖老师给予了我们启迪与思考。每当话题中遇到一些比较冷门或小众的问题时他都能给予回应。这得益于他在日常节目中的积累，也就是播音专业中所讲到的广泛备稿。做生活的观察者、智者是每一个主持人都应该做到的。

（二）未来发展

2022北京冬奥会是一项全球范围的、最高级别的体育盛会，在党中央的领导下，全国人民勠力同心服务冬奥，不仅成功举办了北京冬奥会，更向国际社会展现了我国强大的综合国力。值此之际，北京体育大学新闻与传播学院体育赛事解说班也积极参与其中，在中央广播电视总台中国之声《一起向未来·决胜时刻》节目中为传播冬奥会盛况贡献了自己的一份力量。体育解说具有较强的实践性。理论联系实践，是体育解说人才培养的重要一环，组织学生参加北京冬奥会这样的国际大型体育赛事的解说实践，对锻炼学生的解说能力具有积极意义。我校解说系的老师对北京冬奥会学生实践的安排具有前瞻性，他们对学生综合能力的重视以及复盘整理的要求都对学生主持、解说能力的提升有着重大影响。

在融媒体时代，视频传播的基本素养以及个人IP（知识产权）的形象塑造对学生未来的职业发展有着重要的意义。通过适应中央广播电视总台中国之声的节目样态，参与央广节目组的同学们每天进行抖音、快手直播的模拟练习，每期直播对项目的介绍，不仅丰富了同学们的冬奥知识储备，也锻炼了他们的表达能力，让他们对冬奥项目有了更加深刻的认识。今后应该经常让学生们进行这种综合能力的模拟实践，这对提升他们的解说能力具有极大的意义。

知之愈明，则行之愈笃；行之愈笃，则知之益明。北京体育大学新闻与传播学院的解说团队还在不断前进，通过这样的国际性综合赛事的选拔和历练，为同学们今后服务于体育强国建设，参与体育国际传播、讲好中国体育故事贡献了力量，也为我校培养优秀的体育主持人、解说员提供了经验和意义。

案例二 以青年之声弘扬中华体育精神

——中央广播电视总台中国之声《一起向未来·冬奥之夜》

> **服务地点：** 中央广播电视总台
>
> **服务人员：** 殷雪怡、刘颖健、曹智、段怡君、彭丽霖、李秉昊、杨加丞、张溪乔、许小龙、王笑阳

【摘要】2022北京冬奥会期间，北京体育大学新闻与传播学院体育赛事解说班的10名学生在中央广播电视总台中国之声《一起向未来·冬奥之夜》担任嘉宾，进行了共计15场直播，在中央广播电视总台央视频和云听两个APP（应用程序）同步进行视频和音频直播。中央广播电视总台内部刊物中刊载了专家快评，认为中国之声《一起向未来·冬奥之夜》用年轻态抓住年轻受众的心，把节目分为新闻和综艺两个版块，邀请学生作为嘉宾主持，用综艺模式共同复盘当天比赛、讲解冬奥知识，带来了全新的视角和体验。

一、背景介绍

在2022北京冬奥会期间，北京体育大学新闻与传播学院体育赛事解说班的同学们参加了中央广播电视总台中国之声的相关节目。其中，《一起向未来·冬奥之夜》是几档节目中内容更加多元、形式更加灵活的广播类综艺节目。

在前期的铺垫过程中，老师组织同学们在抖音、快手等直播平台上进行了关于冬奥会的宣传活动。同学们需要每天在短视频平台上制作出一段有关2022北京冬奥会的视频，并且每天轮换不同的同学就即将到来的冬奥会项目看点进行直播互动。力求在宣传2022北京冬奥会的同时从实践出发锻炼同学们的口语交流等相关能力。在前期的遴选考核过程中，学院针对参选同学进行了非常严格并且全面的考查。首轮，由新闻与传播学院的老师们出题，考查同学们对于各个冬奥项目的历史、规则、重要运动员等知识的了解和熟悉程度，其中包括了2022北京冬奥会出现的所有项目；二轮，针对通过笔试的同学进行专业考核，主要针对语言表达能力、直播能力等专业能力进行考查，最终确定了入选名单；三轮，由专业教师团队牵头，为同学们举行了多场专业培训，特别强调坚持党性原则、保持政治敏锐性，增强"四个意识"、坚定"四个自信"、坚决做到"两个维护"，正确引导舆论，传播体育精神，弘扬中国传统文化，致力于讲好中国故事，传播好中国声音。

二、岗位分析

应中央广播电视总台中国之声的邀请，北京体育大学新闻与传播学院体育赛事解说班推荐学生参与录制《一起向未来·冬奥之夜》节目。参加人员确定工作于2021年11月正式启动，经过冬奥专项、人文素养两轮笔试，以及解说直播、短视频制作等多重考核，最终确定10人参与到《一起向未来·冬奥之夜》节目直播实践之中。最终确定人员为2021级研究生殷雪怡、2021级研究生曹智、2021级研究生刘颖健、2020级本科生段怡君、2020级本科生王笑阳、2019级本科生张溪乔、2019级本科生彭丽霖、2019级本科生杨加丞、2019级本科生许小龙、2019级本科生李秉昊，共10人。

《一起向未来·冬奥之夜》直播节目均为两人一组搭档，以嘉宾身份参与录制。《一起向未来·冬奥之夜》节目于每天22：30开始，24：00结束，当晚排班同学需在20：00到达中央广播电视总台候场，候场期间可进行资料准备工作。节目开始前排班的同学进入直播间佩戴好相关设备，等待节目正式开始。在节目进行期间，参与的同学需要介绍冬奥项目、梳理当天赛事、参与冬奥知识竞猜。此外，也需要同学们与主持人老师、其他嘉宾老师自然交流互动，烘托节目氛围。每晚节目结束之后，参与的同学还需要及时提交复盘总结。

三、主要内容

（一）前期准备

为了备战2022北京冬奥会的解说实践，2021—2022年秋季学期的解说实践课程的内容全部调整为冬奥会的冰雪项目，涉及全部7个大项。在课堂前，学院要求同学们进行提前预习，做好自己的知识储备；在课堂上，老师们详细介绍了每一个大项的相关知识，包括历史起源、发展现状以及如何解说，并邀请相应专业运动员或者专业解说员授课，解读规则和比赛。此外，学院要求学生对每一个项目进行解说练习，在课堂上展示，最终由老师们进行点评。这样反复多次的学习，有助于学生对冬奥项目进行全面的理解和认识，进行广义备稿，适应于《一起向未来·冬奥之夜》广播类综艺节目的调性，在节目中能够灵活使用储备知识。此外，从2022年1月20日开始，参与节目的同学也需要进行抖音直播的练习，每次时长不少于1小时。练习虽然有压力，但每一次练习都有助于学生适应直播状态，并充分准备相关知识内容，查漏补缺、扬长避短。学生们的能力在短时间内得到了检验与提升，为即将到来的正式实践夯实了基础。

（二）节目录制

《一起向未来·冬奥之夜》的嘉宾岗和其他岗位有着很大的区别，这是一个轻松有趣的综艺节目，整个节目需要有活泼的氛围。首先，嘉宾需要有比较综合且充足的知识储备，这样才能在答题的时候应对自如。同时，主持人还会在聊天的过程中抛出冬奥相关的问题，因此综合的知识储备是成为一个合格嘉宾的关键。其次，作为嘉宾一定要能够聊起来，不同于《一起向未来·决胜时刻》比较严肃的新闻报道，欢声笑语、寓教于乐才是《一起向未来·冬奥之夜》的主旋律。如果嘉宾比较严肃刻板地科普冬奥知识，显然和节目的调性不符。《一起向未来·冬奥之夜》除了两个学生之外，还会邀请一个嘉宾共同组成答题团。学生有青春活泼之感，能够活跃整个节目的氛围，并且在答题的过程中也能够展示学生的专业性，完美契合了节目的整体风格。

（三）直播总结

《一起向未来·冬奥之夜》是一档很独特的体育类节目，既需要学生有扎实的播音主持功底，还要有丰富的体育知识。通过这次实践，同学们也对自己的职业发展方向有了新的规划。刘颖健在实践后总结道："虽然我在节目中说的话并不多，也不需要负责控场，但是我在上节目前还是会把那几句话反复练习，找到适合电台节目的播读状态。我觉得自己和专业老师之间的差距还是特别大，如果从职业的角度来考虑，我可能不太适合这样的平台。我的优势在于对体育专业知识的掌握，我需要最大限度地发挥出自己的优势。当然，这并不意味着我会停止对播音的学习。我还是会尽可能地去提升自己的薄弱环节，不让我的声音拖后腿。现在，我认为自己有一定的进步，但是还远远不够，我不能让我的播音能力成为阻碍自己未来发展的绊脚石。"

四、典型活动

（一）普及冬奥知识，传播中华文化

在2022年2月12日晚上的《一起向未来·冬奥之夜》节目录制中，刘颖健和张溪乔一起搭档作为节目嘉宾。在其中一个问答环节，主持人提到了冬奥会的美食，并且让他们两个各自推荐一道美食给外国的运动员们。作为湖北人的刘颖健第一个想到的就是热干面，这是他家乡的美食，所以有很多话去介绍它。于是刘颖健便介绍了热干面的历史、可口之处以及自己对于热干面的看法。他既介绍了热干面也弘扬了地方文化。《一起向未来·冬奥之夜》所属的中国之声是中央广

播电视总台旗下的第一套广播新闻综合频率。它扎根于中国文化，使国家电台在文艺宣传、演出领域发挥了良好的导向作用。《一起向未来·冬奥之夜》聚焦的不只是冬奥会，它更多是在找寻那些能跟老百姓生活贴近的话题，比如热干面、东北话、经典电影和民间冰雪游戏等。

（二）实践渐入佳境，拓宽职业视野

2019级本科生杨加丞在本次实践中收获颇丰，他说道："第一天上节目前我还稍显紧张，担心不清楚节目的流程。好在节目中央广的老师给出了相应的提示，我也提前做好了相应的准备。第一次上如此规模的平台，紧张多少会有，但是还在可控制范围之内。我和怡君在节目一开始都稍有拘束，不太敢插话。不过在主持人老师

图1　段怡君和杨加丞参与中央广播电视总台中国之声《一起向未来·冬奥之夜》节目直播

们的带动下，我俩也逐渐进入状态，气氛也活跃了起来，总体来说表现得还是中规中矩。第一期节目后，两位主持人老师和嘉宾白老师都鼓励我们下次再大胆一点，可以更多地插话，勇于展现自己。我在复盘中也写到，要更敢于插话，同时还得夯实播音的基本功，在口播的环节要更从容轻松。后面两期节目，我的状态自然是越来越好。在2022年2月16日晚最后一期节目中，我与苗霖老师搭档，可以说学到了很多。我们虽然年轻，但是依旧需要勤奋刻苦，勇于尝试不同的领域，多给自己提供可能性，不断地自我突破、自我进步。此次，我虽然一共只参与了3期节目，但是每一期都收获颇丰，真正开阔了我的视野，坚定了我的目标。"

（三）扩充知识储备，把握行业风向

2021级研究生殷雪怡在2022年2月8日的节目中负责当天的赛事回顾，重点回顾了谷爱凌夺冠的自由式滑雪女子大跳台比赛和花样滑冰男单短节目比赛。除此之外，节目中还设置了很多互动环节。互动环节讲究"真实"，同学不能提前进行准备，全部要凭借已有的知识储备。由此可以看出，在日常学习中多关注重点运动员、重点赛事形成广义备稿是一件非常重要的事情。另外，在一线实践的经历，也让殷雪怡对于行业风向有了具体的把握。例如，在回顾自由式滑雪坡面障碍技巧比赛时，不应该过多地评价谷爱凌在该项目中的成绩，应该更关注她的突破和尝试。谷爱凌无疑收获了国内外观众很多关注和期待，但节目中也要适当把握尺度，多关注比赛，少评论场外信息。要抛弃唯金牌论，讲好不同项目中运动员的励志故事。同时也要多多关注外国运动员对于中国的正面评价，讲好中国故事。

五、成效评价

（一）用青年视角带你看冬奥

中国之声北体解说团队会在央视频进行视频直播。通过"复媒体"的方式，央视频的网友在评论区称赞同学们解说得很专业。在《一起向未来·冬奥之夜》的互动中，网友也经常夸赞同学们的表现。同学们在中国之声的表现受到了听众和网上观众的一致好评。

（二）多领域辐射，考验学生的综合能力

本次北京体育大学新闻与传播学院与中央广播电视总台共建的北京冬奥会学生服务实践平台是共性与个性的统一，个性体现在三个版块的形式大相径庭，如新闻节目总体风格偏庄重性与实时性，综艺节目则更加注重营造轻松、愉快的节目氛围，即时比赛转播解说更加注重专业性。个性丰富了同学们的经历，但共性才能提高他们的核心能力。三个版块的共性体现在两个维度。维度一是三个版块围绕一个中心，三个版块把握同心圆原则，以北京冬奥会赛事为圆心进行多角度、多领域的辐射，如艺术、体育、社会等。维度二是对于主持人能力的综合考量，无论哪个节目都需要即兴评述、新闻播读、艺术创作三大播音基本功。比如学生在与主持人搭档的过程中，由于节目时间需要，经常会出现导播向直播间提醒"说些场面话"的情况，这时就需要学生进行即兴评述，对比赛细节、话题甚至字眼展开讨论。无论是新闻节目还是综艺节目对学生

都有新闻播读中识读能力的要求，而且稿件都是临上节目时才由编辑递给学生的，因此需要学生在短时间内高效地处理稿件，不断提升自己的综合能力。

（三）高水平实践，检验学生课堂学习成果

北京冬奥会这类国际性赛事，深刻反映了同学们在日常学习中的收获和体会。例如，作为解说员应当明晰：在运动员出场时要介绍运动员的基本信息，包括年龄、获奖经历、本赛季状态、个人技术特点等；在比赛中应当介绍技术动作；结束后适当评述；在给出成绩之后即时介绍排名情况等。这其中哪些是应该重点介绍的，哪些是可以省略的，要做到心中有数，详略得当。比赛场上瞬息万变，任何情况都有可能发生，解说员经常需要在毫无准备的情况下，看到具体的"景"马上引起具体的"情"。触景生情也是情景再现的核心。由于受到新冠肺炎疫情的影响，这次直播是在场外通过转播画面进行解说。解说员有责任和义务将比赛情景进行消化吸收、加工制作再传达给听众，使听众从中受到感染。

六、实践思考

（一）经验总结

首先，冬奥会的很多项目在中国认知度和参与度都不高，对于同学们来说，快速掌握一门运动相关的知识是必备的技能。例如，自由式滑雪大跳台是北京冬奥会新增的项目，同学们要通过搜集整理资料、观看大量的动作分析、在国际滑联官网上查询运动员相关

资料等方式对这个项目进行深入的了解。

其次，同学们日常接受的学习和训练都是基于视频画面的解说，在广播中进行解说对他们来说是一次全新的挑战和尝试。用语言描述比赛画面和场上信息是体育解说员应该具备的素质。在对同学们进行培训时，应注意培养他们看图说话的能力。

最后，相较于夏季奥运会比赛项目，冬季奥运会比赛项目多是极限运动，更加能体现体育运动的内核，即不为站上最高领奖台，只为不断突破自己。徐梦桃、齐广璞、贾宗洋等老将不断挑战自我，突破极限；苏翊鸣、谷爱凌等小将作为中国青年运动员冲击着天空的极限。体育解说员要带着传播最纯粹体育精神的初心，在未来继续努力。

（二）未来发展

世界体育文化发展，体育领域成为弥合世界分歧、加强各国人民友好交流和促进世界文化繁荣的重要阵地。在当前全球新冠肺炎疫情形势依然严峻的情况下，中国依然顺利举办2022北京冬奥会，为消解世界对于新冠肺炎疫情的恐慌、加强世界各国之间的联结提供了重要场域。各项赛事是竞技体育的核心，也是讲好中国故事的重要载体，更是展现中国体育精神、运动员风貌的重要窗口。谷爱凌、苏翊鸣这样的00后小将在赛场上用实力证明自己，在赛场外利用社交媒体展现了中国年轻一代运动员的自信和勇敢。徐梦桃、贾宗洋、齐广璞这样的老将也展示了中国传统的冬季项目，在赛场上证明了自己。作为解说员我们要敏锐地把握比赛细节，以小见大。

《华盛顿邮报》1月30日刊发的一篇评论文章称，"2022北京冬奥会是发扬奥运精神的国际舞台，而不是政治操弄的舞台"。的确，北京冬奥会为各国运动员打造了和谐的环境。相较于比赛的"竞争性"，本届冬奥会更像是全世界的聚会。作为青年解说员，我们应当打破崇尚金牌至上的旧思想，而更加重视人类共同情感的传递。通过这场盛大的体育聚会，讲好自信、开放、包容的中国故事，才能弥合分歧，让"我们"一起向未来。

"世界期待着中国，中国做好了准备。"这是北京冬奥会开幕式的一句解说词。在本届赛事中，我们看到了中国选手谷爱凌在自由式滑雪大跳台比赛中勇夺金牌，也看到了在雪橇等项目上中国军团实现了从"0到1"的突破。面对国外运动员，我们丝毫不吝啬自己的掌声。北京体育大学解说团队作为历史的见证者和参与者，用自己的声音记录下了中国体育故事。在为期12天的赛事中，见证了一枚枚奖牌的诞生，用青春之声传递赛场中的体育精神。在未来，期待北京体育大学解说团队继续用声音讲述自信、开放、包容的中国体育故事。

案例三　因体育结缘，为冬奥发声

——北京体育广播双奥之声新媒体实践

服务地点：北京体育广播

服务人员：贾广禄、李秉昊、张溪乔、彭丽霖、徐缘

【摘要】为服务2022北京冬奥会，北京体育大学新闻与传播学院与北京体育广播双奥之声（FM102.5）展开合作，共派出5名新传学子到北京体育广播参与2022北京冬奥会期间的新媒体编辑工作。在北京冬奥会举办期间，所有学生了解冬奥比赛项目，了解中国和重点运动员的人物故事、历史资料，通过国际网络收集比赛资料，及时跟进北京冬奥会比赛进程和热点信息，创作短视频类的新媒体作品，受到受众和北京体育广播老师们的好评。

一、背景介绍

北京冬奥会，正值中国向第二个百年奋斗目标迈进的关键时刻。北京冬奥会的成功举办见证着中华民族从"站起来、富起来到强起

来"的伟大飞跃。值此之际，北京体育大学新闻与传播学院体育赛事解说班的学生们在传统媒体和新媒体同时发声，既展现了北京体育大学体育赛事解说班的专业水平，也做到了服务冬奥、传播中国声音。

北京体育大学新闻与传播学院抓住北京冬奥会为卓越解说人才培养提供的契机和载体，除了与中央广播电视总台、咪咕文化科技有限公司进行赛事解说共建项目外，还与北京人民广播电视台体育广播共建新媒体实践平台。三项共建项目于2021年11月正式启动，经过冬奥专项、人文素养两轮笔试，以及解说直播、短视频制作等多重考核，最终确定30人参与到本次的三项共建项目中。学院对此高度重视，召开了动员大会和安全教育大会，并多次邀请冰雪项目的专业运动员、央视解说员给学生们进行专业培训，以确保任务顺利完成。

"因体育结缘，为冬奥发声，属于你的冬奥记忆。"北京体育广播双奥之声（FM102.5）是目前北京市唯一一个体育专业电台。2022北京冬奥会赛事期间，北京体育广播将全面转播冬奥赛事，每天早间、午间、傍晚和夜间推出4档7小时大型报道，每逢整点推出16档冬奥赛事快报和奖牌榜。7位注册记者也将全媒体报道赛事。

北京体育大学新闻与传播学院与北京体育广播展开合作，搭建新媒体实践平台，派出由5名新传学子组成的实习生团队参与北京冬奥会期间的新媒体编辑工作。实习生要认真仔细完成工作，及时进行工作复盘，不断刷新自我，以良好的状态参与到实践工作当中。

二、岗位分析

5名实习生每日均需线上办公，由于工作需紧跟北京冬奥会赛事进程，且每日赛事安排时间较满，所以实习生的工作时间不固定。实习生每日的工作一般会随着当日的第一场赛事开始，有时会根据工作需要紧跟到晚上最后一场赛事结束才能结束当日的工作。根据此前安排，若实习生当日有其他实践工作如解说、央广直播，即无须到岗工作。此外，实习生2人一组每日轮流撰写并上交工作日志。

在本实践项目中，实习生团队主要负责新媒体编辑工作。按照原本的计划，参与实习的所有实习生需要按照排班制度每天轮流到岗工作，后来鉴于疫情防控要求及具体实际情况，线下到岗工作模式更改为线上办公。在2022北京冬奥会举办期间，所有实践工作均要求实习生能够了解冬奥比赛项目，了解中国运动员和重点运动员的人物故事、历史资料，能够通过国际网络收集比赛资料，及时跟进北京冬奥会比赛进程和热点信息，创作短视频类的新媒体作品，并每日在工作群里上交；在根据老师指导、修改、确认完毕之后，经负责老师审核通过后发布在相应的网络平台。学院主要负责的指导老师为李晶老师，北京体育广播主要负责的老师为陈妹老师和易洋老师；同时北京体育大学新闻与传播学院的薛文婷老师、郑珊珊老师、宋扬老师、尹素伟老师均在工作群中关注工作动态。

三、主要内容

（一）短视频制作

虽然北京体育广播是传统媒体，但是在新媒体平台不断兴起的背景之下，传统媒体必然会走向媒体融合，因此同学们此次主要做的是新媒体编辑类的工作。北京人民广播电视台也对大学生的实习非常重视，希望能通过这次实习为台里注入一些新鲜血液，展现年轻人的视角，抓住网友关注的热点，制作更加适应平台调性的短视频。当然，短视频的种类也有很多，此次我们制作的短视频主要有三大类，分别是新闻类、人物类以及技战术分析类。

1.新闻类短视频

这类视频的主要内容是叙述当天的比赛情况，播报我国运动员的成绩或是某个项目的排名，以短视频的形式呈现当天的奥运新闻，既符合新闻对新鲜及时的要求，也丰富了新闻的创作范围和传播途径。

2.人物类短视频

这类视频是以北京冬奥会中所涌现出的优秀运动员、教练员或工作人员为主要叙述对象，既要贴近当天热点，也要对主人公有足够的了解，不仅要包括他/她的简历资料，还要挖掘独特的视角和观点，只有这样，才能吸引更多人浏览和评论互动。

3.技战术分析类短视频

这类视频主要是对赛场上的情况进行分析和解释，需要我们对这些项目有较为全面的了解。比如，冰壶比赛中运动员的传击路线、战略部署分析，花样滑冰比赛中运动员的技术动作解释，雪车比赛中运动员的路线选择和入弯、出弯角度分析，等等。这些都包含在这类视频的制作范围之内。

（二）运动员资料收集

除了短视频制作之外，还有一些文字类的工作，就是整理运动员的相关资料，并分析他们可能取得的成绩以及竞争对手的有关情况。在这方面我们主要是分工完成的，大家分别整理了花滑、冰壶、短道速滑、冰球、雪车等项目运动员的资料，主要包括这些运动员在以往的世界杯、大奖赛或是上届奥运会中取得的成绩、平时的训练内容、主要技术动作构成、运动员的优势和不足等。我们主要从奥委会官网、该项目的国际联合会、该运动员的超话或贴吧等途径获取资料，并按照类别整理。

四、典型活动

（一）新闻类

2022年2月7日，自由式滑雪女子大跳台资格赛在首钢滑雪大跳台举行，作为赛前的夺冠热门选手，谷爱凌的表现备受关注。在三轮资格赛结束以后，谷爱凌以第五名的成绩晋级决赛。根据这一事实，我们制作了一条新闻类的短视频。出于版权保护，这个视频中的比赛部分主要是选用了图片以及谷爱凌之前的比赛资料加上文字来呈现。除了简要的时间、地点、事件的描述之外，这个视频还对比赛场地进行了进一步的介绍。此外，视频中还有对这个项目的详细介绍，以及谷爱凌对这个项目的贡献和她此前成绩的描述。

（二）人物类

在2022年2月4日晚举行的2022北京冬奥会开幕式上，涌现了许多"高颜值"选手，颇受网友关注，这个热点也为我们带来了很多人物选题。美属萨摩亚旗手内森·克伦普顿赤膊入场，吸引了全场的目光。以他为焦点，我们制作了一条人物介绍短视频，主要介绍他参与的项目，以及他的母亲具有中国血统和他同时参与冬季和夏季奥运会的场外信息等。除此之外，我国花样滑冰运动员柳鑫宇也备受关注，因此我们也以他和他的搭档王诗玥为主人公制作了一条短视频，主要选用了他微博中比较具有吸引力的照片，并对他们这对冰舞选手所从事的项目及取得的成绩进行了介绍。

（三）技战术分析类

在冰壶混双循环赛中国对战美国的比赛中，打到最后一局时双方悬殊太大，中国队提前认负。中国队是怎样接连失误的？我们制作了一个短视频来回答这个问题。首先是中国队第一壶的线路失误，没能粘上美国队的壶，且美国队连粘两壶形成牵制，之后中国队线路偏大再次失误，美国队形成三分牵制；此后中国队的传击打偏了，美国封堵进营路线，局势已定。实习生们通过视频加文字的形式，将这一情况叙述得十分清楚。此外，在花样滑冰男子单人滑比赛开始前，日本选手羽生结弦将挑战4A跳的消息也备受人们关注，因此我们制作了一个短视频来解释什么是4A跳，它的难度在哪儿，它具有怎样的意义，等等。

五、成效评价

资料收集方面：我们做的是新媒体编辑，新媒体讲究的是流量导向。但是，流量的固有属性就是发展周期短暂，来得快去得也快，可能今天某些运动员正是舆论焦点，第二天就摇身一变成为明日黄花，被公众遗忘。正因如此，对新媒体的内容报道要做到早预判、早查询、早编辑。所谓早预判就是对冬奥会可能有热度的运动员或者我国项目的夺金点进行预测，汇总报道对象名单，并根据其发展潜力进行排名。早查询就是按照拟出的报道对象热度排名逐个查询资料。查询运动员资料时，要在官方平台将其基础信息全部厘清，除此之外，还可以通过其他媒体对运动员的报道或运动员的社交平台来收集关于他的趣闻要闻。早编辑是指掌握运动员的大量资料之后，我们可以提前在资料中挖掘新闻点，发现运动员的独特之处。譬如本届冬奥会是美国单板滑雪运动员肖恩·怀特最后一次参赛，那么他会对本届冬奥会抱以什么样的竞赛态度呢？退役之后他准备从事什么工作呢？这些都是可以深挖的话题。

短视频制作方面：首先在选择短视频主题时，要坚持受众中心原则。因为新媒体工作是一种流量导向的工作，想要流量就一定要发布受众爱看的内容，所以要在有流量的地方寻找切入点，比如微博热搜、热门话题评论等。在制作视频的过程中，要做到内容符合平台作品基调。譬如在抖音发布作品，这种平台最吸引人的都是轻松有趣的娱乐化短视频，那么我们在制作短视频时就尽量突出整个媒体作品的爆点，并尽量做到简短。发布作品并不意味着一个作品的终结，而是一个作品的延续，我们要时刻保持对受众反馈的关注，从而根据受众的意见和建议来复盘我们的编辑过程，并考虑是否需要追加报道。

除这些之外，我们的剪辑能力也有所提升，从原来只会对视频进行粗剪的小白，到现在可以为视频添加各种特效，也可以制作有"卡点"效果的动感音视频。尤其是新媒体工作在无形中培养了我们的热点嗅觉，让我们在面对一件事或一个人时能够迅速判断其报道价值，这也是我们在实习期间最宝贵的财富之一。

六、实践思考

（一）经验总结

1.是否要迎合受众

在制作有关冰舞运动员柳鑫宇的视频时，我们以他的颜值为出发点引入后续内容。在开幕式进行的过程中，#冬奥会帅哥#这个话题登上微博热搜，这说明受众对于这个话题的关注度和兴趣较高。但是在传统媒体的内容制作习惯上，似乎并不希望把运动员的外貌作为宣传的角度。一是担心受众的关注点跑偏，二是我们一直更加强调运动员的成绩。这样一条短视频固然能够获得一定的流量，但这是否是对受众的迎合以及对传统理念的摒弃？

2.是否要为了时效放弃质量

2022北京冬奥会从开赛到闭幕只有短短16天，但在这16天内发生的事件或是值得报道的现象却非常多。此外，体育比赛，场上的情况瞬息万变，成绩的诞生也就在那一瞬间。在比赛结果产生的那一瞬间，我们可以通过提前的准备工作进行报道，这既能保证时效也能兼顾质量。但是对于我们意料之外的事件呢？从新闻的角度来说，一定是以时效性为依据的。不过，从短视频制作层面来看，到底是应该用简要的文字配合图片来表述，还是要多搜集些信息再进行发布？前者赶上了时间却忽视了内容深度；后者内容丰富却可能赶不上最好时机。

3.如何解决不同平台内容的同质性

一些传统媒体在新媒体平台实践的过程中，总会出现这样的问题：把所有的视频、图片、文字全部打包，统一"配送"到不同的平台，而忽视了各个平台的调性和传播的习惯，导致发布的内容千篇一律，在不同的平台看到的都是同样的内容。针对不同平台所流行的视频风格，制作独一无二的内容进行独家发布，可能才是破除这层迷雾的有效途径。比如，新华社在哔哩哔哩网站上发布的王濛解说视频和"名场面"的视频大合集，既符合该平台一贯的风格，也拉近了官媒和网民的距离。

（二）未来发展

1.把握传播基调，提升综合能力

新媒体编辑最重要的是为受众提供时新性、准确性和前沿性兼具的产品内容。无论是冬奥会所涉及的7个大项、15个分项、109个小项的具体项目规则、其中的看点，还是具体到运动员个人的内容，首先要求工作者对于选题有全局性的把握，有合适的切入点思考，这是推进后续工作的前提。同时，对于工作者个人的知识储备以及对冬奥会整体的传播方向感知能力也有着较高的要求。尽管我们在奥运周期前期做了较为完备的信息储备，但在实践过程中，也从未停止对于综合能力知识库的不断扩充。我们作为新媒体编辑还需要对当前的新媒体传播趋势、受众偏好有所掌握，最重要的还是要把握整体的方向基调，向观众传播正向能量，同时思索什么样的内容适合采用几十秒短视频的形式加以展现。

2.提高采编播能力，做一专多能人才

北京体育广播的新媒体编辑实习工作，十分考验个人的音视频制作能力。台里老师给我们布置了一天制作一条短视频的任务。每条短视频的构思、文案编写、剪辑、后期都需要我们独立完成，做

成完整作品之后在抖音平台上推送。这正是对我们新媒体工作能力的锻炼，可以帮助我们提高新媒体产品制作能力。对于推送的短视频，我们除了要以冬奥为主题，考虑选题，并完成后续一系列制作工作，还要将作品做得短小精悍，尽量符合新媒体产品的要求。相较于解说实践，新媒体工作更体现时效性。当拿到时效性很强的信息资料时，需要快速思考如何处理手中的资料来产生好的新媒体作品。因此在未来，学校一方面要提升学生的台前解说主持的技能，另一方面也要培养大家适应新媒体平台的编辑能力。

3. 不负热爱与初心，传播体育精神

实践的效果是相对理想的，经过大家共同的努力与协作，产出的新媒体内容收获了不错的关注度。在未来我们依旧要秉持一颗敬畏之心，从选题到备稿、组合、发布，始终保持思想高度，致力于传播积极的体育精神；选取适宜传播和表达的内容进行加工，中立、客观地输出观点；在体现新闻专业性的同时，最大限度地发挥对于体育的理解度，体谅和理解运动员真实的成长历程和心理状态，契合体育发展的方向和语境，为弘扬体育精神作出贡献。

习近平总书记曾寄语青年："青年要保持初生牛犊不怕虎、越是艰险越向前的刚健勇毅，勇立时代潮头，争做时代先锋。"[1]当新媒体逐渐成为信息传播的主战场，作为青年应当勇于在时代前沿探索，增强学习紧迫感，如饥似渴、孜孜不倦地学习；充分利用世界级赛事的机遇，在实践中增长知识、锤炼品格，在实际工作中增长才干、练就本领。

---

① 习近平.习近平：在纪念五四运动100周年大会上的讲话［EB/OL］.（2019-04-30）. http://www.gov.cn/xinwen/2019-04/30/content_5387964.htm?tdsourcetag=s_pcqq_aiomsg.

案例四 新星搭档，稳中有进

——咪咕视频冰球解说实战

> **服务地点：**咪咕视频
>
> **服务人员：**朱锶源、李鹜、李秉昊、许小龙、彭胜亚

【摘要】壬戌虎年伊始，万象更新生威。北京体育大学新闻与传播学院抓住2022年国家发展重大实践北京冬奥会的契机，与咪咕文化科技有限公司共建学生服务冬奥会实践平台，参与到咪咕文化科技有限公司提供的7场冰球比赛解说中，解说项目包含了男子冰球与女子冰球。解说员的精彩付出也换来了观众的热情回应，"解说很专业"等字样也频频出现在直播弹幕区中。

一、背景介绍

在2021年年初，学院开设冬奥解说相关课程，在提升学生专业素养方面狠下功夫，而后经过冬奥专项、人文素养知识笔

试，以及直播、短视频制作等双重考核，让学生以此为引线，顺藤摸瓜进行冬奥项目和解说专业的学习。为了确保顺利服务2022北京冬奥会，学院多次组织会议进行培训，形式多样，内容详尽细致。在12月底，学院召开了"服务冬奥动员大会"，除了为各

图1　北京体育大学—咪咕解说团队海报

位参与实践的志愿者、BTP（OBS的大学生转播培训项目）团队和解说团队的同学鼓劲以外，还对各项注意事项作了详尽的描述与解析，并且对所有团队提出了高标准、高要求。其中，尤其强调了学院服务冬奥团队的整体性，这大大提高了我们实践的动力和作为团队的凝聚力。除此之外，还有多次的线上会议。线上会议形式便捷，场地不受限制，更有利于沟通和任务分工。在正式参与直播解说工作之前，北体解说团队还与咪咕的制播团队进行了技术信号测试。每场比赛均有咪咕平台的专业导播和学院专业指导老师全程监听，做到发现问题及时处理，保证学生在解说时做到语言规范、称呼规范、政治立场正确，向专业解说员水平不断靠近。此外，每场解说结束后，学生都要进行赛后复盘，趁热打铁及时总结，取长补短规避问题，为日后的学习、工作积累宝贵财富。

二、岗位分析

冰球项目的解说岗位主要负责7场冰球赛事的解说和评述工作，其中包括2场女子冰球和5场男子冰球的比赛。这一岗位由5名学生构成，其中包括3名本科生（许小龙、李秉昊、彭胜亚）和2名研究生（李骜、朱锶源），他们通过了学院的遴选考核，获得了解说资格。解说的形式为双人搭档，其中许小龙和李骜搭档完成了3场比赛的解说，包括女子冰球B组的两场赛事和男子冰球B组的一场赛事；李秉昊和朱锶源搭档完成了3场比赛的解说，都是男子冰球C组的赛事；许小龙和彭胜亚搭档完成了1场男子冰球B组的赛事解说。具体赛事时间见表1。

表1 北京体育大学冰球赛事解说时间安排表

日期	赛场信号	分项	小项场次	演播室	解说员
2022/2/5	16：40—18：55	冰球	女子小组赛-B组 捷克 VS 瑞典	北体大 远程1	许小龙、李骜
2022/2/8	21：10—23：25	冰球	女子小组赛-B组 瑞典 VS 丹麦	北体大 远程1	许小龙、李骜
2022/2/9	21：10—23：25	冰球	男子小组赛-B组 捷克 VS 丹麦	北体大 远程1	许小龙、彭胜亚
2022/2/10	12：10—14：25	冰球	男子小组赛-C组 瑞典 VS 拉脱维亚	北体大 远程1	李秉昊、朱锶源
2022/2/11	16：40—18：55	冰球	男子小组赛-C组 瑞典 VS 斯洛伐克	北体大 远程1	李秉昊、朱锶源
2022/2/12	21：10—23：25	冰球	男子小组赛-B组 瑞士 VS 丹麦	北体大 远程4	许小龙、李骜
2022/2/13	12：10—14：25	冰球	男子小组赛-C组 斯洛伐克 VS 拉脱维亚	北体大 远程1	李秉昊、朱锶源

　　解说员也将根据所分配赛事的具体时间，在比赛开始前半小时内进入制播站，预先调试设备，做好上岗准备。如果两只球队在常规时间内打平（抑或是进入射门大战），解说的时间将自动延长，直到比赛结束。

三、主要内容

（一）前期准备

　　作为一名解说员，不仅需要有一定的语言素养，还需要有扎实的体育专项素养。要服务冬奥，做好冬奥项目的解说，就一定要有充足的冬奥项目知识积累。在比赛前，解说员针对每场比赛还需要清楚地了解场次所涉及的运动员以及他们的成长背景和以往的参赛成绩，以便镜头给到他们时能够快速、准确地向观众讲解、介绍。

不仅如此，解说员对于每支队伍的教练员及其背景也要烂熟于心。冰球这项运动，由于项目小众，受众基础差，所以在解说前需要对观众进行大量的知识科普。比如，男子冰球没有NHL（北美职业冰球联赛）的球员，女子冰球球员则更加冷门和陌生，解说员需要充分渲染两队将近50名运动员的额外信息（履历、学历、兴趣等），才能在介绍他们时更好地引起观众的兴趣。尽管这些都是在赛中呈现出来的信息，但都是一名解说员在解说工作前必须准备好的。

（二）直播解说

在本次解说实践中，冰球项目都是以双人搭档的形式进行解说的。双人搭档解说和单人解说看似只是人数上的增加，但在解说实践中却是两个完全不同的形式。在单人解说中，由于是一个人解说，解说员可以很好地把握解说节奏，把自己准备好的资料和赛场的突发情况根据自己的理解随着比赛进程完美地讲述给观众。而双人解说是两个人对同一场比赛给出自己的解说，如果解说员与搭档配合不够默契就会出现抢词、留白时间过长、自说自话等情况。因此在直播前各组解说员都各自进行了相应的模拟直播。

除了提前准备好球队阵容信息、赛事信息、场馆信息等基本资料以外，在比赛当日，解说员会提前1小时开始进入解说状态。这主要有两个原因：一是冰球比赛的首发大名单会在比赛开打前1小时正式公布，获得首发名单后解说员需要对整个比赛进行一个预测，同时也进一步整理、整合提前准备好的资料；二是解说员需要在正式开赛前半小时进入咪咕OBS（奥林匹克广播服务公司）的后台，确保信号传输和麦克风等设备没有问题。开播后解说员也会在微信沟通群实时和监播老师进行交流，对画面信号、人声音量等问题进行及时的调整。

（三）赛后复盘

赛后复盘对于新人解说员来说是快速提升业务能力的一个重要环节，解说员以单个比赛日为单位，每天总结复盘当日直播解说中出现的情况与问题。同时，因为此次冰球项目都是双人解说，所以除了单人各自的复盘以外，各组搭档间也会一起对比赛整体、直播流程进行回顾，力求在下一次搭档解说时能有更好的配合。

四、典型活动

（一）模拟直播，搭档培养默契

此次冰球项目的解说安排都是双人搭档，冰球比赛的"活球"时段节奏极快，场上信息量较大，解说搭档容易出现争抢话筒的情况。而冰球比赛的"死球"也经常出现，场面也会突然静止，需要解说员及时填充信息。在解说中，部分同学难免会出现"成名的想象"，不顾与搭档配合，解说到兴起时疯狂"输出"，看似给出了很专业的信息，实则打破了双人搭档解说的美感。在解说时搭档之间流畅自然的交互，都是需要经过一番配合、打磨才可以达到的。两位解说员只有相辅相成，不抢词，从解说的整体性角度着手考虑解说配合，才能最终达到搭档之间的相得益彰。

为了更好地完成解说任务，带动更多群众走上冰雪、走近冰球，北京体育大学新闻与传播学院2021级硕士研究生朱锶源与2019级本科生李秉昊在正式比赛前的一周进行了一次"模拟直播"

并且分别交换扮演了"A角"和"B角"。作为"A角"要更多照顾到比赛的场面，尽可能地描述好球场上出现的情况与突发事件；而担任"B角"时，则需要实时对比赛走势进行分析、评论，解说的内容更多涉及技战术等。最终，他们确定了彼此的分工，在比赛中由朱锶源负责战术、场面的分析。

然而在正式解说的过程中，他们还是遇到了一些突发情况。例如，对冰球比赛的整体节奏的把控不足。冰球与足球项目不一样，它的节奏更快，场上局势变化也更多。在第一节比赛的解说中，他们就感受到自己的解说节奏稍落后于比赛场面，这样给人的感觉就不够从容，对比赛走势的分析也较少。但到了第二、第三节比赛，他们就逐渐习惯了这种快节奏，在解说的时候，就可以很好地将"描述场面"、"分析局势"与"补充内容"结合。

（二）项目小众，也要把好第一关

2022年2月5日，北京体育大学新闻与传播学院21级研究生硕士李骛与2019级本科生许小龙打响了北京体育大学冰球解说的"第一枪"。解说完比赛后，李骛有以下体会：

"本场比赛为瑞典女子冰球队对阵捷克女子冰球队的比赛，这是本次冰球解说的'揭幕战'，也是我参与冬奥解说的第一场比赛。我在赛前的准备阶段，第一次真切地感受到了身为一名体育解说员的艰辛。女子冰球比赛，相对来说观众普及度差、资料查询难度大，再加上奥林匹克官网信息的更新存在一定的滞后性，直到比赛开始的前几天，我才勉强将相关资料准备完善。此外，技战术方面的学习也是一个漫长的过程，对于一个相对陌生的项目，想要充分理解、灵活应用，并非一朝一夕就能完成的。

"虽说万事开头难，但初出茅庐的我成功地完成了一次双人冰球解说，无疑是令人欣喜的。我的整体状态不错，没有出现过于紧张的表现，语言表达相对顺畅，极少出现卡壳情况。并且赛前准备相对充分，使我能够积极表达自己的观点，没有出现大的纰漏。然而，尽管我们在赛前已经对A、B角色有了分配，但直播时还是存在配合不够默契的情况。比如，一方进球时我和小龙会互相抢话，显得较为混乱。再比如，在一些时刻，我和小龙各自描述各自的内容，也会给观众带来别扭的感觉。因此接下来我们需要更细致的分工，以达成互补。

"作为第一次解说的新人，我深切地感受到了描述场面并不是一件十分容易的事情，很多时刻也会陷入词穷的窘境。只有真正深入比赛、理解比赛，并掌握解说的节奏，才能慢慢克服这一问题。不同于篮球和足球，冰球比赛的节奏极快，电视画面可能只给一个球员不到两秒钟的镜头，而我们却需要根据资料，快速介绍这名球员，因此我在比赛中经常出现'慢半拍'的情况。毋庸置疑，认真

图 2 李骜准备线上解说时的场景

复盘每一天的工作能让我们做到心中有数、操之有度、行之有方，期待我与小龙8号的表现！"

（三）顺利收官，一起向未来

2022年2月13日，北京体育大学新闻与传播学院2021级硕士研究生朱锶源和2019级本科生李秉昊完成了冰球项目最后一次直播解说任务。赛后，朱锶源得出如下心得：

"今天是我在冬奥会解说的最后一场比赛，同样是男子冰球C组，斯洛伐克对上拉脱维亚。经过前几天的工作体验，我对瑞典队、斯洛伐克队以及拉脱维亚队的一些特点已经比较熟悉。由于这场比赛是小组赛的最后一轮，事关各支队伍的出线情况，因此在赛前我和搭档进行了简单的'预测'。

"这场比赛的一大看点就是斯洛伐克队众多年轻的球员，其中U23（年龄小于等于23岁）球员有5名，还有2名17岁的球员，他们都是初次参加成年组的冰球赛事。冰球青年组的赛事和成年组的赛事在对球员的保护和规则上有较大的区别，其护具规格、身体对抗和比赛激烈程度都相差甚大。但斯洛伐克队本次征召的17岁年轻球员尤拉伊依然扛起了球队的进攻大旗，在此前的两场比赛中一人打入3球。因此，在准备斯洛伐克的比赛时，年轻球员尤其是尤拉伊也成为比赛的一大看点。对于我们的解说工作而言，尤拉伊的资料就是重中之重，除了一些直观、有说服力的数据以外，尤拉伊的生平和在场下的为人也成为我们准备资料的一部分。

"冰球在国内并不算是热门的体育运动，这次的主场冬奥会是推广这项运动的一个绝佳机会。在解说的过程中，我和秉昊除了解说比赛外，也会主动介绍一些相关的内容来吸引观众，提高观众对冰球的认知度。除了常规冰球规则、国内外的职业联赛、国际大赛的介绍之外，还会介绍参赛队伍的历史，例如本次解说就谈到拉脱维亚当地的'冰球文化'。此外还会介绍球员个人，就如上文提到的小将尤拉伊，他在赛前接受媒体采访的时候就表现得相当自信，甚至可以用'霸气'来形容，这样的个性其实是和冰球这项运动所推崇的文化相符合的，因为冰球比赛充满着身体对抗，如果不自信，就很难在场上有所作为。通过介绍球员场下的为人，我们将冰球的特点与之结合起来，也能提高观众对冰球的认知度。

"至此，我在咪咕的冬奥解说工作算是落下帷幕，虽然我的表现有不尽如人意的地方，但我依旧想给自己、给我们北体解说团队点赞。作为一名解说新人，能够在冬奥解说舞台上展示自我、积累经验，于我而言，是光荣的，也是幸福的。人永远不满足于自己的第一次，于是才有了接下来无数次的精彩。此时此刻，我可以无比自豪地说，我已勇敢迈出了自己解说生涯的第一步，前路还长，就让我们扬帆起航，'一起向未来'！"

五、成效评价

本次冬奥解说，北京体育大学的解说团队良好地完成了任务，整体表现出了过硬的专业能力，得到了各方的好评。《光明日报》、新华网都进行了相关报道，北体学子们的风采得到了展现，创造出了属于自己的价值。

六、实践思考

（一）经验总结

1.引导观众融入比赛，推动冰雪运动热潮

冬季奥运会项目对于观众而言相对陌生，需要在体育讲解员的讲解下呈现出清晰的逻辑脉络。因此，作为解说员的首要任务就是帮助受众理解比赛进程，无论是宏观还是微观的层面都要有所涉及。除此之外，也要进行技战术层面的分析，包括每名运动员和参赛队伍的比赛风格、身体条件、战术布置等，这样做能让受众对体育项目的认知及评断更加深入，使得受众更能感受到体育运动的魅力、艺术性与技术性。同时，以小见大，通过对体育项目的解读，让观众了解自己国家在该项目中取得的成绩，以及相关对手的成绩，使人们更清楚地了解到体育与综合国力的关系是国家软实力、国民素质的一部分。总而言之，在普及体育竞技知识的同时要提升受众欣赏比赛的能力，让受众通过体育得到宏观层面（国家民族层面）的收获。

2018年9月，国家体育总局发布了两个纲要和三个计划，这"两纲三划"对北京冬奥会的参赛工作作出了全面的规划，其中就包括了《"带动三亿人参与冰雪运动"实施纲要（2018—2022年）》。北京体育大学新闻与传播学院的5位学子作为解说员参与北京冬奥会冰球项目的解说，传播冰雪运动尤其是冰球的独特魅力，让大众欣赏职业、高水准的冰球赛事，有助于推广普及冰雪运动，助力建设"健康中国"，为"三亿人上冰雪"的美好愿景贡献一份力量。

2.坚决完成把关任务，讲好中国体育故事

在北京冬奥会这样一个重要的节点，讲好中国体育故事有助于我国大力推进冰雪项目，营造全民参与体育的良好社会氛围。作为冰球比赛项目的解说，不仅要对比赛的场内元素进行描述和评判，还要时刻铭记自己作为"话事人"的重要存在。尽管在小组中，中国女子冰球队的成绩相对较差，可能会取得胜少负多的结果，但依然要着力宣传中国女子冰球队，传递中国精神。中国女子冰球队凭借点球大战击败强劲对手日本队，就是值得我们去歌颂传唱的。我们只有用中国冰球人的视角去解说世界强队的比赛，才能真正让受众了解中国冰球运动的发展和现状，以及其背后的强大力量。

（二）未来发展

2022北京冬奥会是中国重要历史节点的重大标志性活动。中国政府对筹办工作高度重视，习近平总书记作出了一系列有关冬奥会筹办的重要指示，"办好北京冬奥会、冬残奥会是党和国家的一件大事，是我们对国际社会的庄严承诺"①。2022北京冬奥会为我国体育院校的发展提供了难得的契机，体育院校作为体育人才培养的重要基地，服务好冬奥工作对我国体育人才培养具有重要的借鉴意义。下面将对此次服务北京冬奥会实践活动进行总结，提出利用大型活动进行人才培养的实践路径，并反思本次实践中的不足。

第一，解说人才在冰雪运动上的专业性有欠缺。一直以来，我国竞技体育一直呈现出"夏强冬弱""冰强雪弱"的特点，而我国人民对于各类体育赛事的关注度也与上述特点相似：关注夏季运动

---

① 关于冬奥会，总书记反复提及这四个词［EB/OL］.（2022-01-04）.http://politics.people.com.cn/n1/2022/0104/c1001-32323909.html.

的人要远远多于关注冬季运动的人，而在冬季项目中，关注冰上运动的人也要多于关注雪上运动的人。此外，由于冰雪运动对于场地、装备的要求较高，绝大多数人无法亲身参与到冬奥会所涵盖的赛事中。因此，对于参与解说工作的人员来说，他们对项目的了解还停留在规则、技术动作上，实际解说的比赛中，画面分析占据较大的篇幅，在具体的战术、战略分析上还有很大的学习空间。

第二，设备使用的熟练程度还需加强。在整个实践过程中，所有人都做足了准备，充分了解比赛项目和整个冬奥会的有关知识，并发挥课堂所学，尽最大的努力做到最好。然而，在专业之外，大家还是在设备的设置及使用上出现了一定的问题。先后出现过音源和解说参数调反、忘记关麦或有杂音等问题。虽然影响较小，但也说明大家应该更加注重细节，做好每一件小事，以呈现更加优异的表现。

宝剑锋从磨砺出，梅花香自苦寒来。我们的学子在每一次解说过后，都会进行细致的复盘和总结，这对于他们下一场比赛的解说以及未来解说生涯都是十分重要的经验积累过程，也是不断更正错误、提升专业水平和个人能力的有效途径和不二法门。北京冬奥会的解说经历不仅在专业能力提升上对我们的学子有很大的帮助，同样也使他们积累了丰富的大赛经验。在比赛解说之外，切身投入参与冬奥会也让我们的学子体会到了体育精神、坚韧不拔的拼搏精神和顽强的意志，这无疑是令人心驰神往的。正如许小龙同学所说："能够体验一次距离国际冬季运动最高赛事这么近的解说之旅，对于我这种超级体育迷来说，无疑是难忘而幸福的！"

——咪咕视频冰壶解说实战

服务地点：咪咕视频

服务人员：宛兴海、殷雪怡、张晨曦、靳家兴、范吉宇、
曹智、贲广禄、余博洋、张嘉祺、方文萱、薛笑天、
董晓璇、丁一岚、张溪乔、崔世鑫、张泉玥、
段怡君、刘颖健

【摘要】正值2022北京冬奥会，北京体育大学新闻与传播学院与咪咕视频搭建合作平台，学院共有18名同学参与了66场冰壶赛事的直播解说工作，其中包括"线上＋线下"的直播形式。每一位成员以"爱"发电、用"心"诉说，以"使命在肩，奋斗有我"的自觉将个人发展与国家发展相统一，助力冰雪盛宴的精彩呈现，为体育强国梦增添生动注脚。

一、背景介绍

基于前期共建和东京奥运会的实践参与，北京体育大学解说团队并非"新生力量"。在2020东京奥运会上，受咪咕体育邀请，咪咕视频针对东京奥运会直播开设"北体解说专场"，共建实践平台，并为2022北京冬奥会解说实践提供丰富经验，作出良好铺垫。本次北京冬奥会解说实践活动，是继东京奥运会之后，北体解说团队与咪咕视频的再度合作。在2022北京冬奥会期间，北体解说团队共有18名同学参与到42场冰壶比赛的直播解说中。在此次冬奥解说实践前期的准备工作中，学院多次召集相关老师和学生召开会议，强调学生要重视政治思想正确，保障个人安全，同时邀请职业运动员和知名解说员对学生进行专业培训。

二、岗位分析

冰壶项目的解说实践共有18名同学参与，为本次解说实践中人数最多、来源最广、承担比赛接受场次最多的小组。这18名同学分别是：2018级本科生余博洋、张嘉祺、方文萱；2019级本科生薛笑天、董晓璇、丁一岚、张溪乔、崔世鑫；2020级本科生张泉玥、段怡君；2021级硕士研究生宛兴海、殷雪怡、张晨曦、靳家兴、范吉宇、曹智、贲广禄、刘颖健。

冰壶项目解说采取单人解说和搭档解说相结合的方式，在线上远程解说的同学以搭档解说为主，在线下插播间解说的同学则多为单人解说。这些同学承担了混双冰壶、男子冰壶、女子冰壶循环赛等共计42场比赛的解说。

其中靳家兴和余博洋两位同学进驻咪咕视频北京冬奥会期间在北京电视台的转播大本营，在北京电视台的插播间完成了24场比赛解说工作。在插播间进行线下解说与线上解说不同，不仅对于专业性要求更高，还需要与各工种的老师有很好的沟通。一般在解说场次前一天，会有负责演播室安排的老师通过微信确认第二天解说的场次和具体的地址。解说当天需要提前半小时到达所在插播间，然后立刻跟插播间配备的导播老师沟通，熟悉导播切换画面、上字幕版的操作流程，以便在合适的位置出声。同时，还需要与音响技术老师进行声音设备的调试，确定麦克风输出音量、耳机返送音量、现场画面音量大小合适。一切准备妥当之后，开始进行解说工作。

冰壶项目解说的工作时间依据比赛时间而定，混双比赛有9：05—11：00、14：05—16：00、20：05—22：00三个时间段，持续约1.5小时，男子、女子冰壶循环赛有9：05—12：00、14：05—17：00、20：05—23：00三个时间段，持续约2.5小时，如果遇到比赛进入加局，比赛时间也相应顺延。由于比赛中场休息只有五分钟，所以解说强度较大，基本全程没有休息时间。在没有解说工作的时段，同学们会进行背景资料的准备、球员信息的搜集等，为解说做好准备工作。具体时间安排见表1。

表1　北京体育大学咪咕视频冰壶赛事解说场次表

日期	赛场信号	分项	小项场次	演播室	解说员
2022/2/2	20：05—22：00	冰壶	混双循环赛第1场-1瑞典VS英国	北体大远程1	殷雪怡、刘颖健
2022/2/2	20：05—22：00	冰壶	混双循环赛第1场-3挪威VS捷克	北体大远程2	曹智、段怡君

日期	赛场信号	分项	小项场次	演播室	解说员
2022/2/3	9：05—11：00	冰壶	混双循环赛第2场-2 瑞典VS捷克	插播间2	靳家兴
2022/2/3	9：05—11：00	冰壶	混双循环赛第2场-3 美国VS意大利	插播间1	余博洋
2022/2/3	20：05—22：00	冰壶	混双循环赛第4场-1 挪威VS加拿大	北体大远程1	崔士鑫、薛笑天
2022/2/3	20：05—22：00	冰壶	混双循环赛第4场-2 瑞士VS英国	北体大远程2	张嘉祺、方文萱
2022/2/3	20：05—22：00	冰壶	混双循环赛第4场-4 捷克VS澳大利亚	北体大远程3	贾广禄、段怡君
2022/2/4	8：35—10：30	冰壶	混双循环赛第5场-4 意大利VS挪威	插播间2	余博洋
2022/2/4	13：35—15：30	冰壶	混双循环赛第6场-1 捷克VS意大利	插播间1	靳家兴
2022/2/4	13：35—15：30	冰壶	混双循环赛第6场-3 英国VS澳大利亚	插播间3	余博洋
2022/2/5	14：05—16：00	冰壶	混双循环赛第8场-2 捷克VS英国	插播间1	靳家兴
2022/2/5	14：05—16：00	冰壶	混双循环赛第8场-4 澳大利亚VS意大利	插播间3	余博洋
2022/2/5	20：05—22：00	冰壶	混双循环赛第9场-3 捷克VS瑞士	北体大远程1	贾广禄、张泉玥
2022/2/6	14：05—16：00	冰壶	混双循环赛第11场-2 澳大利亚VS瑞士	插播间2	靳家兴
2022/2/6	20：05—22：00	冰壶	混双循环赛第12场-1 加拿大VS澳大利亚	北体大远程1	方文萱、崔士鑫
2022/2/6	20：05—22：00	冰壶	混双循环赛第12场-2 意大利VS瑞典	北体大远程2	贾广禄、张溪乔
2022/2/10	9：05—12：00	冰壶	女子冰壶循环赛第1场-1 英国VS瑞士	插播间1	余博洋
2022/2/10	9：05—12：00	冰壶	女子冰壶循环赛第1场-4 俄罗斯奥委会队VS美国	插播间4	靳家兴
2022/2/10	14：05—17：00	冰壶	男子冰壶循环赛第2场-1 美国VS瑞典	插播间1	余博洋

日期	赛场信号	分项	小项场次	演播室	解说员
2022/2/10	20：05—23：00	冰壶	女子冰壶循环赛第2场-3 美国VS丹麦	北体大远程1	范吉宇、宛兴海
2022/2/11	9：05—12：00	冰壶	男子冰壶循环赛第3场-1 瑞士VS俄罗斯奥委会队	插播间1	靳家兴
2022/2/11	9：05—12：00	冰壶	男子冰壶循环赛第3场-3 瑞典VS意大利	插播间3	余博洋
2022/2/11	20：05—23：00	冰壶	男子冰壶循环赛第4场-2 俄罗斯奥委会队VS丹麦	北体大远程1	薛笑天、崔世鑫
2022/2/11	20：05—23：00	冰壶	男子冰壶循环赛第4场-3 英国VS挪威	北体大远程2	范吉宇、丁一岚
2022/2/12	14：05—17：00	冰壶	男子冰壶循环赛第5场-4 美国VS挪威	插播间4	靳家兴
2022/2/12	20：05—23：00	冰壶	女子冰壶循环赛第5场-1 俄罗斯奥委会队VS日本	北体大远程1	殷雪怡、宛兴海
2022/2/12	20：05—23：00	冰壶	女子冰壶循环赛第5场-3 英国VS美国	北体大远程2	方文萱、崔世鑫
2022/2/13	9：05—12：00	冰壶	男子冰壶循环赛第6场-1 挪威VS瑞典	插播间1	余博洋
2022/2/13	9：05—12：00	冰壶	男子冰壶循环赛第6场-4 意大利VS俄罗斯奥委会队	插播间3	靳家兴
2022/2/13	14：05—17：00	冰壶	女子冰壶循环赛第6场-4 瑞士VS加拿大	北体大远程2	段怡君、张晨曦
2022/2/14	9：05—12：00	冰壶	女子冰壶循环赛第7场-3 加拿大VS俄罗斯奥委会队	插播间2	余博洋
2022/2/14	14：05—17：00	冰壶	男子冰壶循环赛第8场-2 丹麦VS挪威	插播间2	靳家兴
2022/2/14	20：05—23：00	冰壶	女子冰壶循环赛第8场-2 英国VS加拿大	北体大远程1	殷雪怡、董晓璇
2022/2/14	20：05—23：00	冰壶	女子冰壶循环赛第8场-4 丹麦VS俄罗斯奥委会队	北体大远程2	张嘉祺、方文萱
2022/2/15	9：05—12：00	冰壶	男子冰壶循环赛第9场-1 俄罗斯奥委会队VS挪威	插播间1	余博洋
2022/2/15	14：05—17：00	冰壶	女子冰壶循环赛第9场-3 美国VS瑞士	插播间2	靳家兴

日期	赛场信号	分项	小项场次	演播室	解说员
2022/2/15	14：05—17：00	冰壶	女子冰壶循环赛第9场-4 英国VS日本	插播间3	余博洋
2022/2/15	20：05—23：00	冰壶	男子冰壶循环赛第10场-4 俄罗斯奥委会队VS加拿大	北体大远程2	贾广禄、薛笑天
2022/2/16	20：05—23：00	冰壶	女子冰壶循环赛第11场-2 日本VS美国	北体大远程1	贾广禄、薛笑天
2022/2/17	9：05—12：00	冰壶	男子冰壶循环赛第12场-3 加拿大VS英国	插播间3	靳家兴
2022/2/17	9：05—12：00	冰壶	男子冰壶循环赛第12场-4 挪威VS意大利	插播间4	余博洋
2022/2/17	14：05—17：00	冰壶	女子冰壶循环赛第12场-2 俄罗斯奥委会队VS英国	插播间2	靳家兴

三、主要内容

（一）前期准备

一场冰壶比赛的完整解说过程并不是从信号给到解说员的时候开始的，在解说员知道自己解说哪一场比赛之后，对于这场比赛的解说就已经开始了。

范吉宇同学讲述了自己为了解说两场冰壶比赛所做的前期准备：

"我首先去找了这两场比赛共四支队伍（丹麦女子冰壶队、美国女子冰壶队、英国男子冰壶队、丹麦男子冰壶队）的赛程。巧合的是，这四支队伍在我解说的那一场比赛之前也都有其他的比赛，每每有这几支队伍的比赛，我就会去看咪咕视频上的直播，以此来认识和了解这些运动员。在这个过程中，我也会经常和我的搭档沟通交流，在交流过程中，我们会尽量去做一个合适的分工，这样就可以保证我们的效率。我在解说完这两场比赛后，得到的一个比较直观的感受就是，解说最重要的不仅仅是临场发挥的对比赛过程的

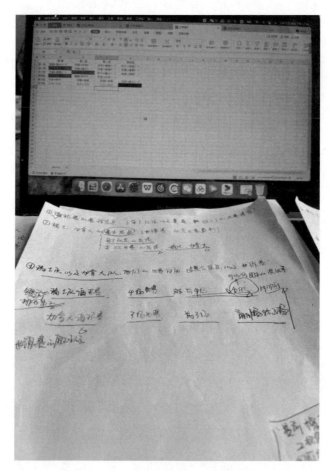

图1　2月12日，学生解说冰壶项目赛前准备资料

描述、评论、分析能力，还有事先收集整理资料以及适当地将其应用到比赛过程中的能力，这二者缺一不可。通过前期准备，我们对参赛队伍的历史战绩、人员构成、运动员的逸闻趣事都有了了解和掌握。而且因为在前期我与我的搭档就已经说好了分工，所以在正式解说过程中，我和搭档也不会抢着去说同一个话题。这就是解说准备阶段的重要性。"

（二）直播解说

冰壶的解说工作采用"线上＋线下"相结合的解说形式，由靳家兴、余博洋两名同学进驻咪咕视频在北京电视台的转播大本营，在插播间进行线下解说，其余同学则通过线上远程的方式完成解说工作。入驻转播大本营的解说同学日常工作即在实习地点准备解说材料，比赛时间就在插播间进行解说工作。线下解说岗与直播组、监播组、赛事安排小组共处一室，即轮到自己解说比赛时咪咕相关人员会发出线上通知，监播组会监播解说过程中的画面、声音瑕疵，报备给相关技术人员。而线上远程解说的同学在开赛前都统一测试好了网络环境、收音设备等，并且在开赛前半小时与监播组保持实时联系，如果有问题都会第一时间处理。

（三）赛后复盘

在解说完成之后，解说员也需要进行复盘，这不仅是为了提升自己的业务能力，也是为了服务好冬奥，让更多人走近冰雪运动。解说员会有个人自我的复盘以及和搭档的共同回顾。在共同回顾时，双方会指出对方在解说中出现的问题，对于优秀的地方也会要求对方继续保持。在复盘过程中，范吉宇说："冰壶项目是一个非常有礼节的项目，在冰壶比赛过程中为了使双方能够更好地保存体力，在比分差距较大的时候主动认输不是一件丢人的事情，反而是一种非常礼貌的行为。面对这种赛场上可能出现的突发状况，我们只有具备足够的知识储备以及从容的心态才能够在一次次的解说实践中进步。同时，赛后及时进行复盘也能加深我们对专业项目知识的理解，总结出适合自己的解说经验。"

四、典型活动

（一）解说中国队，欣喜又紧张

2022年2月11日下午，在咪咕视频线下解说冰壶项目的靳家兴同学迎来了一个重大任务：咪咕赛事小组为他临时增加了3场中国队的冰壶比赛解说，第一场就在次日下午2点，与巴德鑫指导搭档解说中国男子冰壶队对阵意大利队的循环赛。初次搭档前冰壶国手，让解说经验尚不足的靳家兴同学既欣喜又紧张。但面对人生中目前为止最重大的解说任务，这位河北小伙决定拼尽全力，在关注度最高的中国队比赛中，向世界发出属于北京体育大学的声音。于是他在接收到任务之后，便开始准备第二天的解说工作。

首先，靳家兴同学在国际奥委会官网与世界冰壶联合会官网中对中国队和意大利队的团队和个人资料进行了查阅与补充，争取在搭档解说中做好"A角"，向观众讲述场上选手的经历和故事；其次，对于如此高关注度的比赛，"描述"并不能满足众多冰壶粉丝的需求，于是靳家兴同学将比赛材料纵向扩展，梳理了中国男

（女）子冰壶队的历史发展脉络，并对冰壶战术作出深度分析，尤其是许多经典战术的应用经历；最后，靳家兴同学观看了巴德鑫指导之前的解说，摸清了对方的解说节奏，明确了自己介绍人物经历与其他资料，巴指导主说战术的解说分工。

　　赛前准备过后，靳家兴同学就带好资料奔赴插播间，与巴德鑫指导提前熟悉并进行赛前暖场，以便能够更好地适应对方解说的节奏。巴指导性格很好，一进门就与靳同学开起玩笑，消除了他过度紧张的情绪。但比赛开始之后，解说工作的进展与靳家兴提前预想的有所出入，巴德鑫指导的战术解说较为活跃，如果在其中生硬插入资料介绍与其他人物简介就会稍显突兀。于是在思考片刻后，靳家兴决定大胆舍弃自己之前的大段材料介绍，而把整体解说风格转变为"与巴指导讨论战术为主，将自己脑子中记住的中国队历史、经典冰壶战术在适当时候以聊天的形式缓缓铺陈开来"的涟漪式解说。

图 2　靳家兴同学解说冰壶比赛时的画面

靳家兴同学经过之前的努力，终于得到了收获。巴德鑫指导赛后对靳家兴的战术分析给予了高度评价，尤其在其中一个反弹球打出时，靳同学能够立即反应出"詹妮弗·琼斯之前打出同样的进攻"，丰富了解说维度，为网民带来良好的观赛体验。而在赛后，冰壶迷们也纷纷赞扬中国队敢打敢拼、风格顽强，体现了"优秀的解说是让观众更好地理解比赛"的先进理念。

（二）罕见事件，规则解读凸显专业

2022年2月11日，北京体育大学新闻与传播学院2021级硕士研究生范吉宇和2019级本科生丁一岚搭档解说了男子冰壶团体循环赛第四轮，挪威队对阵英国队的比赛。这场比赛中的"意外事件"让范吉宇同学印象深刻：

"早在12月，我们学院进行咪咕解说选拔的时候，我就整理过冰壶相关的知识，知道冰壶比赛是有'投降'这种规则的，但是却没有深入仔细地了解、研究过。因为确实没有想到在北京冬奥会赛场上，会出现投降认输的情况。

"但是说巧不巧，我那天晚上解说时就遇到了这种情况。在第七局比赛结束之后，挪威队选择了投降认输，当时的数据是8：3。作为一名解说员，我当时的直观感受就是这支英国队实在是太强了，挪威队几乎可以说是没有还手之力。但是，这种话显然不能够说得太过于直白，所以在第六、第七局结束之后，我还是站在挪威队的角度，提出在接下来的三局，挪威队需要拿到什么样的成绩才能够反败为胜。就在我说完这些话的同时，我看到双方队员已经互相击掌了。这时候我是有一些迟疑的，但是却并不能什么话都不说，因为这个时候观众更想知道赛场上发生了什么事情，所以我就

说，'现在挪威队已经提前认输，因为他们知道，双方实力的差距以及分数的差距已经使他们几乎不可能在接下来的三局中夺回胜利，扭转败局，所以出于绅士品格，为了保留自身体力，也是为了保存对手体力，他们选择了投降，这不是懦夫的行为，相反，这是勇士的行为'。虽然最终我们顺利完成了这场解说，但是在挪威队投降的时候，我还是迟疑了两秒钟，而这两秒钟，就是因为我在场下功课准备不足造成的。所以，今后遇到任何一个项目的解说任务，都应该事先做好充足的准备。"

图 3　北京体育大学学生解说冰壶比赛时的画面

五、成效评价

冬奥会的比赛项目对于受众而言相对陌生，需要在体育解说员的讲解下呈现出清晰的脉络逻辑。因此，作为解说员的首要任务就是帮助观众或听众理解比赛进程，无论是宏观还是微观的层面都要有所涉及。北体解说团队经过专业的播音主持和赛事解说的技能训练，能够在这方面做得游刃有余。除此之外，技战术层面的分析也必不可少，包括每名运动员和参赛队伍的比赛风格、身体条件、战术布置等。要让观众对体育项目的认知及评断更加深入，使得观众感受体育运动的魅力、艺术性与技术性。北体解说团队的成员经过遴选考核，知识储备和上岗态度都毋庸置疑，得到了观众的认可。同时，北体解说团队始终不忘以小见大，通过对体育项目的解读，让受众了解自己国家在该项目中取得的成绩，使受众能更清楚地了解体育与国家的关系，意识到体育是国家软实力、国民素质的一部分。总而言之，力争在普及体育竞技知识的同时提升受众欣赏比赛的能力，同时让受众通过体育拥有宏观层面的收获。

六、实践思考

（一）经验总结

首先，在面对重量级搭档的时候，要充分展现出自己的自信。在与巴德鑫老师、于鑫娜老师的搭档中，靳家兴同学以良好的心态和聊天的方式搭建起专属于他自己的解说框架，与二位搭档形成了较好的配合。

其次，要针对不同的比赛形式变换自己的解说风格，重要的是要贴合解说项目。在解说篮球、足球等项目时，要以一种较为激昂的姿态，因为这些项目的文化、地理、历史、球员恩怨等多种因素都非常重要；但在解说冰壶这种相对不那么"激昂"的项目时，由于场上"用壶说话"，场上的局势是最为重要的，所以需要以一种聊天的形式娓娓道来（但要注意节奏，关键球可适当调动情绪）。

再次，解说的句子还是以短句为主，要注意断句的节奏，适当减缓语速，这有助于解说语句的自然感。

最后，资料的准备要从多个维度进行，不能单一化。例如，冰壶项目的解说资料可以从国际奥委会官网、冰壶联合会网站与维基百科三个网站进行补充查询。最终赛前资料需要涉及参赛队伍在这个项目的历史、其他赛道的比分、排行榜分析、场馆历史等多个维度。

图4　殷雪怡和刘颖健准备解说冰壶赛事

（二）未来发展

此次冬奥会的举办对于将来我国举办大型活动有诸多可以借鉴的地方，人才培养模式也有很多借鉴之处。首先，由于处于全球重大疫情时期，北京冬奥会期间的防疫政策可以应用到其他重大赛事与其他国家的体育赛事中。这次我国采用了严格的疫情防控体系。北京冬奥组委表示，来华涉奥人员从入境到离境实行全流程、全封闭、点对点的闭环管理政策。对内保证闭环内无病患流通，对外保证完全隔离、严格又人性化的疫情排查。其次，北京冬奥会的绿色环保理念值得其他赛事借鉴。此次我国国家游泳中心的"水冰转换"技术、其他场馆利用环保材料的建造技术、火炬的碳纤维外衣都是以后其他赛事可以借鉴的。最后，在人才培养模式方面，北京体育大学新闻与传播学院体育赛事解说班"全面学习，单项筛选"的培养模式也可以进一步应用到诸如亚运会等大型赛事中。

我们应当明确，体育发展与国家发展紧密结合，要着重提升我国在体育领域的发展水平以及国际话语权，对内增强民族凝聚力，对外构建国际大国形象；以北京冬奥会为契机，讲好中国体育故事，有助于推进冰雪项目发展，使群众体育深入人心，营造全民参与体育的良好社会氛围；推动奥林匹克运动改革创新，促使群众广泛参与冰雪运动，强化冬奥会文化遗产保护，实现冬季奥林匹克运动的可持续发展；统筹内外话语、讲好中国体育故事，借赛事展现中国的制度优势和国际地位。

在本届冬奥会上，"95后"乃至"00后"已经开始扛起时代发展的大旗，单就志愿者而言，很多都是在校大学生，所以青年一代要弘扬奥运精神，不怕苦、不怕累，勇敢向前。正如我们北京体育大学解说团队的同学们，平日里的积累与练习，就为了在国家需要我们的时候，我们能够站出来，用声音带领人民了解冰雪运动，与冰壶结缘，讲好中国故事，传播新时代、新青年的声音。

雪上速度与激情

——咪咕视频雪车与钢架雪车解说实战

> **服务地点：** 咪咕视频
>
> **服务人员：** 岳海浩、徐缘、曾逸文、彭丽霖、杨加丞

【摘要】2022年2月4日，北京冬奥会正式开幕。北京体育大学新闻与传播学院的师生们为了做好服务北京冬奥会解说实践工作，从2021年初便开始进行前期的准备工作，并且此次和咪咕视频合作搭建实践平台，全面提升学生在融媒体时代的体育赛事解说能力。在雪车与钢架雪车项目上，共有5名同学参与了咪咕视频的解说工作，通过线上远程的方式直接参与了7场赛事的直播解说。

一、背景介绍

此次北京冬奥会，北京体育大学新闻与传播学院与咪咕视频合作，参加"咪咕北京冬奥会全程直播——北体大解说专场"的教学实践活动。北京冬奥会作为体育解说人才培养难得的契机，新闻

与传播学院高度重视本次教学实践活动，多次召开会议，进行思想政治教育、安全教育和专业培训，旨在强化媒体合作，推进教学实践改革，创新人才培养模式，培养具备专业素养的卓越体育解说人才，助力体育强国建设和体育产业发展。雪车项目的解说实践共有5名同学参与，共直播解说7场相关赛事。

二、岗位分析

雪车项目的解说实践共有5名同学参与，参与人员为2021级研究生岳海浩、徐缘、曾逸文，2019级本科生彭丽霖、杨加丞。

雪车项目解说均为两人搭档进行。每场比赛开始前半小时左右，当天负责解说的两位同学需及时与咪咕的监播老师联系，并登录进入咪咕制播站中进行信号确认等工作。根据比赛信号提示，两位解说同学按照角色分配先后进入正式解说中。比赛正式开始后，两位解说同学通过异地连麦或者共用设备的方式进行配合，对比赛画面进行解说、评述。比赛结束后，解说同学及时闭麦，退出制播站，并在工作群中报备。整个工作过程中，有咪咕的监播老师监听，同时也会有学院相应负责的老师关注。在完成每场解说工作之后，相应的同学需要在第二天中午12点之前向专业老师发送自己的解说复盘，以及做好音视频资料的收集工作。

雪车项目解说工作时间依据比赛时间而定。钢架雪车比赛在9：30—11：55，20：00—22：50两个时间段，雪车比赛则在9：30—12：00，22：05—22：45两个时间段。一场比赛包含两轮滑行，整个比赛过程会持续2.5小时左右，中场会有半小时的休息时间。每场比赛持续的时间就是参与解说实践的同学的硬性工作时间。在没有比赛安排的时间段，每位同学会做资料准备、信息收集等工作，为解说做好准备工作。具体赛事时间见表1。

表1　雪车、钢架雪车赛事时间表

日期	赛场信号	分项	小项场次	演播室	解说员
2022/2/11	9：30—11：55	钢架雪车	女子钢架雪车第1轮 女子钢架雪车第2轮	北体大远程1	岳海浩、彭丽霖
2022/2/11	20：20—22：50	钢架雪车	男子钢架雪车第3轮 男子钢架雪车第4轮	北体大远程3	杨加丞、徐缘
2022/2/12	20：20—22：50	钢架雪车	女子钢架雪车第3轮 女子钢架雪车第4轮	北体大远程3	岳海浩、彭丽霖
2022/2/13	9：30—11：45	雪车	女子单人雪车第1轮 女子单人雪车第2轮	北体大远程1	杨加丞、彭丽霖
2022/2/14	9：30—12：00	雪车	女子单人雪车第3轮 女子单人雪车第4轮	北体大远程1	岳海浩、曾逸文
2022/2/14	20：05—22：45	雪车	男子双人雪车第1轮 男子双人雪车第2轮	北体大远程3	彭丽霖、杨加丞
2022/2/15	20：15—22：45	雪车	男子双人雪车第3轮 男子双人雪车第4轮	北体大远程3	岳海浩、彭丽霖

三、主要内容

（一）前期准备

为了做好服务北京冬奥会解说实践的准备工作，学院从2021年开始就制订了明确的计划。首先是课程的相关变动。解说实践课程的课程内容全部调整为冬奥会的冰雪项目，7个大项全部涉及，并且在课堂上会请到相应冰雪专项的专业运动员或者解说员来讲课，确保理论来源的专业性和准确性。其次是专业的选拔考核。根据咪咕视频需要解说的赛事项目，学院统一进行了选拔考核。最后是正式解说前的短视频练习。从2021年12月25日开始，每一位正式参与冬奥解说的解说员都需要每天在抖音上发布一条与冬奥会相关的短视频（时长不得少于1分钟）。通过每一次的练习，我们查漏补缺、扬长避短，在短时间内能力得到了检验与进步，为即将到来的正式实践夯实了基础。

（二）直播解说

通过学习、考核最终确定了参与雪车与钢架雪车解说的同学，每位同学都会在正式解说前和咪咕的技术老师单独进行网络、设备测试，确保直播时不会出现相应的状况。在比赛开始前30分钟，监

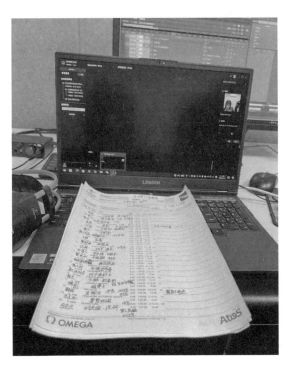

图1 直播前同学完成最后的调试工作

播老师与解说同学会提前进入后台OBS进行调试，并在整场比赛中保持实时沟通。

（三）赛后复盘

赛后复盘对于新人解说员来说是快速提升业务能力的一个重要环节，解说员以单个比赛日为单位，每天总结、复盘当日直播解说中出现的情况与问题。同时，因为此次雪车项目都是双人解说，所以除了单人各自的复盘以外，各个搭档间也会一起对比赛整体、直播流程进行回顾，力求在下一次搭档解说时能有更好的配合。

四、典型活动

（一）弗莱德里希极速夺冠，德国车队包揽前三

岳海浩同学在2月15日解说了男子双人雪车第3轮和第4轮的赛事，其中德国车队的表现让他印象深刻。在雪车项目中，绕不开的一个国家就是德国。德国雪车队实力非常强，在本届冬奥会上获得了满员的三个参赛名额，并且这三支来自德国的车队世界排名还不低，分别是弗莱德里希第一、罗赫纳第四、哈费尔第六。能够在冬奥会中拥有三个参赛名额，并且这三个参赛车队的世界排名都在前十，德国队是唯一一个满足要求的国家。

德国队之所以这么强，主要是在德国境内拥有四条可以供选手训练的雪车赛道：阿尔滕贝格赛道、温特伯格赛道、国王湖赛道、奥伯霍夫赛道。一个国家拥有四条雪车赛道在世界上也非常罕见。如此多的赛道给德国队带来了一个优势，那就是他们拥有很好

的硬件设施，可以拥有丰富的后备资源，给德国雪车队提供源源不断的新生力量。德国队队内竞赛氛围很好，经常举行队内比赛，以一种以赛代练的方式磨炼运动员们的技术和对大赛的心理承受能力。

2022年2月14日，弗莱德里希在延庆赛区"雪游龙"赛道举行的男子双人雪车比赛中从第一滑就展现出了超强的实力，第一滑结束之后拿下了赛道的出发纪录4.95秒和滑行纪录59.02秒。在雪车项目中，由于每次比赛的赛道不同、比赛当天的天气不同、冰面温度不同，所以并不存在世界纪录这个说法，而是在每条赛道设置了两个纪录，即赛道的出发纪录和滑行纪录。在第二轮的滑行中，弗莱德里希继续发力，以4.94秒再次刷新了自己的赛道出发纪录。他第二轮滑行的成绩是59.36秒，遥遥领先于其他选手，与第二名之间的差距也有0.5秒以上。

到了第二天，2022年2月15日，男子双人雪车迎来了第3和第4轮的滑行。第3轮的比赛与其他轮次的不同，这个轮次的滑行是按照前两轮滑行成绩的正序出发，越早出发，就越能够享受到平整的冰面，对自己成绩的提升也非常有帮助，所以很多高水平的选手往往会选择在这个轮次爆发出自己最强的实力，一举与其他选手拉开差距。弗莱德里希在这个轮次如"天神下凡"，强有力的爆发式推车将自己的出发纪录提高到4.93秒，再次刷新自己之前保持的纪录。他在滑行中对于各种弯道的处理也展现出了自己过人的天赋，几乎零失误，完赛成绩再次刷新纪录，为58.99秒。第3轮滑行结束之后，与其他选手的差距也扩大到1秒以上，稳居第一的宝座。在第4轮的滑行中，弗莱德里希面对着巨大的优势放松了许多，以59.52秒的成绩完赛，单滑成绩仍然稳居第一。最后，所有选手的滑行成绩出来，德国队的三支车队包揽了男子双人雪车的金银铜牌，这在整个冬奥会的历史上都是罕见的。

弗莱德里希的表现太过惊艳，一个不是东道主国家的运动员，在短短的训练赛和六轮官方滑行轮次之中，便将赛道掌握得如此熟练，足以见得其实力强劲以及德国团队合作的紧密。这里有非常多值得我们学习的地方。

（二）英国霍尔车队翻车

在岳海浩同学解说的赛事中，也有意外状况发生。雪车项目是一个非常危险的项目，其驾驶速度可达137千米/小时。在如此高速的滑行之中，选手稍有不慎，处理得不恰当，就会导致翻车事故的发生。在本届冬奥会男子双人雪车的比赛中，这一幕就发生了。

中国延庆赛区的"雪游龙"赛道是一条要求运动员速度与滑行技术并重的赛道。在这条赛道中，主要的难点如下：第一，这条赛道的4号弯，出弯口比较窄，选手如果没有选择好合适的线路，很容易撞上旁边的护墙。在前面的滑行中，如果因为撞墙而导致速度损失，对于后面的滑行速度以及成绩来说都是致命打击。第二，赛道的7、8号弯接9号弯，7、8号弯道是上坡的弯道，由于上坡，9号弯的入弯口几乎被遮挡，选手需要根据自己的滑行经验对这个弯道进行处理，如果发生碰撞，入弯便会有侧移，从而影响速度。第三，11号弯道是延庆赛区非常有特色的一个弯道，是一个从上至下360°螺旋的弯道。弯道长度很长，选手需要在出弯时作出一个波峰波谷的移动，控制好出弯轨迹。第四，13号弯出弯接14、15号弯。13号弯是速度非常快的一个弯道，出弯之后紧接着就是14号一个上坡的弯道和15号一个下坡的弯道，这两个弯道的连接非常考验选手的技术，也是整个赛道最危险的地方，因为到了这个赛段，雪车的滑行速度几乎达到了最高时速，如果出弯时发生了碰撞，调整的幅度过大的话，选手很可能会将雪车的橇刃挂上侧护墙，导致翻车事故发生。

来自英国的霍尔车队就是在这里发生了翻车事故。翻车的原因也正是由于14号弯的磕碰，导致过大幅度的调整，最后挂上护墙，翻了车。他们最后也是凭借惯性滑到了终点。好在雪车的外壳比较坚韧，保护了运动员，没有让他们被甩出车体。雪车失控之后，工作人员立即出动，将雪车拦截下来。选手从雪车里出来之后，没有受到太严重的伤害，这是不幸之中的万幸。虽然翻车了，但是霍尔车队却收到了全场最热烈的掌声，这是大家对他们勇气可嘉的赞赏，也是对他们翻车事故的安慰。

雪车项目中翻车事故偶有发生，翻车事故对选手的调整能力、办赛方的处理能力都是极大的挑战。本次冬奥会中翻车事故的发生，也使人们对雪车的危险性有了更深刻的了解，对中国办赛水平有了新的认知。

（三）挑战陌生项目，资料支撑必不可少

北京体育大学新闻与传播学院2019级本科生彭丽霖在此次解说实践中共参与了4场雪车和钢架雪车的赛事。在一年以前，雪车和钢架雪车对于她来说还相当陌生：

"在上学期的解说课上，每个人都选了一个专项进行主攻，我选择了此前完全陌生的雪车项目，也想挑战一下自己。确实，对于大部分观众来说，钢架雪车和雪车项目很陌生，它们属于受众较少的小众项目，关注度和热度都没有花样滑冰、短道速滑这些项目高。在此前准备冬奥会解说的过程中，我就对这两个精彩刺激的项

目很感兴趣，在参与实践解说之后，对于这些项目的了解越深，就越能感受到它们的魅力。除了更加了解冬奥项目，解说能力的提升更是十分重要的收获。真正开始解说比赛时，我发现这和日常训练还是有很大差异的。真正开始解说比赛并不像练习时的节奏那么慢，大部分时间都主要集中于比赛现场，资料补充只是辅助，因此需要提高对于比赛现场的感受力和画面处理能力。比赛节奏快，还需要提高临场反应能力和即兴口语表达能力。在短时间的滑行过程中，要学会传达关键信息，筛选出资料中重要的内容并进行补充。而且我的所有比赛都是双人搭档解说，这也考验我和搭档的默契。有的比赛需要通过异地连麦的形式解说，异地连麦解说最大的问题就是容易抢话，我需要和搭档磨合说话节奏，找准话口，避免抢话。此外，一场比赛的时间往往比较长，需要整场比赛都保持积极的工作状态，要提前做好体力、心理等方面的准备。这些都是我在解说能力提升方面的收获，这会使我不断进步。"

五、成效评价

体育是国际通用的语言，具有世界范围的高关注度，因此解说员的一言一行都影响着舆论的导向。逆全球化的趋势愈演愈烈，中国作为世界上最大的发展中国家，难免受到"中国威胁论""中国渗透论"等不良声音的裹挟，体育受众的热情也很可能遭受不良舆论的利用。冬奥会进程中，大量的微小体育事件、运动员们的一言一行、媒体的报道方式方法等都有可能遭到恶意的曲解或揣测，进而引发舆论风波。北体解说团队经过多次会议培训，对于冬奥解说的要求和规范已经烂熟于心，出色完成了把关的任务。作为体育解说，北体解说团队不仅是作为体育人而存在，更是作为新闻人、把关人，时刻以主流媒体的标准严格要求自己，做到了身板正、把关严、效果好。

六、实践思考

（一）经验总结

1.线上解说，实时监播与反馈是关键

在2月11日的解说工作中，岳海浩同学就发生了一些意外状况：

"我在赛前检查了麦克风的状况、网络状态，全部没有问题，但在开播我点了'准备'之后，制播站没有收到我的声音。我后来按照群里监播说的关掉重启设备后才解决了这个重大问题。在直播的过程中出现这样的问题是非常严重的，如果当时是我一个人单口解说的话，我可能会因此断送我的职业生涯。但是后来很多同学反映，自己也出现了类似的情况，点了'准备'却没声音，或者取消了'准备'，声音却被传送出去了。从中积累到的经验就是，以后在线上解说的时候，首先就是和老师确认设备的输出情况，一切正常之后再进行解说。其次就是持续关注监播群里的消息，如果出现突发情况，第一时间及时处理。

"为了预防此类事件的发生，除了做好赛前各个设备和网络的检查，还要实时留意监播老师给出的反馈，如有意外情况发生，也要及时发现并作出相应的调整。"

2.双人搭档，默契与交流甚为重要

本次雪车和钢架雪车的项目解说都是安排的双人解说，因而

解说员与搭档之间的配合默契程度也是非常重要的。这名选手出场谁来介绍？赛道信息谁来补充？滑行技术谁来评论？诸如此类的问题，都需要配合，如果配合不默契，就会出现抢词的现象。尤其是在线上的双人解说中，有时候和搭档并不是在一个空间内进行解说，抢词的现象频发。解说员通常会进行A、B角的分工：一人主要负责选手的信息介绍，另一人主要负责赛道比赛情况的实时评论，在比赛空隙穿插项目的知识介绍等。A、B角的分工模式，不仅可以使抢词的情况大大降低，还可以提高搭档之间配合的默契程度。

在解说的时候，"交流感"也是非常重要的。由于形成了固定的交流模式，就好像是机器人似的，丧失了"交流感"。这种解说模式容易让人感觉是两个人在自说自话，对于观众而言，往往会没有听下去的欲望。在赛后复盘中，我们通过不断观看职业解说员双人解说的视频，模仿和学习他们是如何寻找解说交流感的。最后我们发现想要增加交流感，解说员就需要在比赛的时候，彼此产生对话，一方抛梗给对方，另一方要接住并继续往下说，一轮一轮不断产生话轮。同时，解说员还要穿插进对比赛的解说和评论，这样就能使观众感受到解说员是在与自己说话。

（二）未来发展

本次冬奥会的实践，从多方面来说都有深刻且非凡的意义，对于我国举办各类大型活动、利用大型活动进行人才培养，都具有非常好的借鉴意义。

在本次冬奥会中，中国作为东道主提供了卓越的服务、非凡的场馆设施，让国外的运动员享受到了一届无与伦比的冬奥盛会。这主要还是因为本届冬奥会秉持着"以运动员为核心、可持续发展、节俭办赛"的理念。在本届冬奥会中，虽然三个赛区分布比较分散，但是在三个赛区之间有京张高铁助力，300多千米的路程也只需要50分钟就可以到达，大大改善了交通带来的不便。主办方在各个场馆还为选手提供了训练的地方，运动员休息的时候还有许多有中国特色的文化作品，如太极、中国"福"等，让运动员在运动之余也能感受到中国文化的魅力。这些都是"以运动员为核心"的展现。2022北京冬奥会秉持可持续发展的理念，把冬奥会申办、筹办、举办与城市生态环境改善、经济社会发展紧密结合起来，借助举办冬奥会打造北京—张家口体育文化旅游带，树立奥林匹克运动与城市良性互动、共赢发展的典范，创造更多积极、持久的奥运遗产，让城市和生活更美好。本届冬奥会北京赛区所需的12个竞赛场馆和非竞赛场馆中，有11个是2008年北京奥运会的场馆。其中，国家体育馆和五棵松篮球馆将进行冰球比赛；国家游泳中心将举行冰壶比赛，首都体育馆将作为短道速滑和花样滑冰的比赛场馆，这四座场馆都将根据赛事要求进行相应改造。所有新建场馆均以满足冬奥会比赛为标准，尽可能采用临建或临建与永久设施相结合的方式，同时考虑无障碍需求，充分依靠政府和社会力量进行建设和赛后利用，力争以最小的成本赢得最大的效益，让冬奥会更好地惠及公众。

对于学生来说，通过大赛进行锻炼也是一种学以致用的方式。通过大赛对自己在学校学习的知识进行检验是难能可贵的机会。对于解说班的同学来说，不仅是大型体育赛事，小型体育赛事也能够提供相应的解说岗位，让我们得到更多的实践学习机会，将来成为体育解说岗位的优秀人才。

不积跬步，无以至千里，不积小流，无以成江海。每一次尝试与实践都值得我们认真准备、全力以赴并全面复盘。此次雪车与钢架雪车的解说实践对大多数同学而言都是比较陌生且充满挑战的，也正是如此，才能让我们的解说技能得到全面提升，在未来各类赛事需要解说人才时挺身而出。

案例七　美学的竞技

——咪咕视频花样滑冰解说实战

服务地点： 咪咕视频

服务人员： 刘颖健、王笑阳、韦艳鑫

【摘要】为服务北京冬奥会，北京体育大学新闻与传播学院解说团队与咪咕视频合作，共有3名同学参与了6场花样滑冰的赛事解说工作。花样滑冰作为美学的竞技，与其他体育赛事有着共性，也有其独特的个性。3名解说同学在经过专项知识的储备及学院考核后，成功获得解说资格，并最终通过线上解说的方式，顺利完成了此次解说任务。

一、背景介绍

在2022北京冬奥会期间，北京体育大学新闻与传播学院解说团队与咪咕视频合作，共有3名同学参与直播解说了6场花样滑冰比赛。

除了2021年年初就开始进行的冰雪项目的专项学习外，在实践活动正式开始之前，学院还安排了各种测试来对同学们进行最后的考核，以便确定解说团队最终的人员构成。在这次的解说团队中，有部分同学在冬奥会中迎来了自己的解说首秀，但也有部分同学已有解说经验，例如刘颖健同学就曾参加过2020东京奥运会的解说工作，所以他们对解说工作的流程相对较熟悉，与咪咕视频的老师们配合起来也会更加默契。花样滑冰比赛的节奏相对较慢，这与多数同学平常关注的体育赛事有着明显的差异，这也要求他们在解说时及时调整好风格，把握住慢节奏赛事的解说方式。但相对的，由于节奏较慢，留白较多，留给解说员自身发挥的空间也就更大，因此花样滑冰的直播解说既是挑战也是契机。

二、岗位分析

花样滑冰项目的解说小组由3名同学组成，分别为2021级硕士生刘颖健、2020级本科生王笑阳和2019级本科生韦艳鑫。这三名同学承担花样滑冰男子单人滑、女子单人滑以及双人滑三个小项，共6场比赛的解说任务。其中，刘颖健同时承担冰壶和花样滑冰两个项目的解说任务。花样滑冰的解说需要介绍选手的基本信息（个人所取得的最好成绩、技术特点等）、节目中完成的动作、动作的完成情况、花样滑冰的发展历史以及如何观看花样滑冰等基础知识。

花样滑冰解说均为两人搭档进行。一位同学担任解说员，另一位担任评论员。解说员负责介绍选手信息、报分、同步解说动作，评论员则对选手资料进行补充，对选手动作的完成情况和总体表现进行评价，并对项目的背景资料进行介绍。

花样滑冰解说员的工作时间视比赛时间而定。男单比赛时间为9：15—13：30，女单比赛时间为18：00—22：25，双人滑比赛时间为18：30—22：10。单人滑的比赛时间大约为4个小时，双人滑为3个小时左右，解说员需要提前20分钟进入咪咕制播站等候信号。比赛包含1—2次时长为15分钟的浇冰时间，可进行中场休息。同学们在花样滑冰的比赛日进行直播，非比赛日则自行查找资料，为直播解说做准备。具体赛事时间见表1。

表1 花样滑冰赛事解说时间表

日期	赛场信号	分项	小项场次	演播室	解说员
2022/2/8	9：15—13：30	花样滑冰	男子单人滑短节目	北体大远程1	韦艳鑫、刘颖健
2022/2/10	9：30—13：40	花样滑冰	男子单人自由滑	北体大远程1	韦艳鑫、刘颖健
2022/2/15	18：00—22：25	花样滑冰	女子单人滑短节目	北体大远程1	韦艳鑫、刘颖健
2022/2/17	18：00—22：10	花样滑冰	女子单人自由滑	北体大远程1	韦艳鑫、王笑阳
2022/2/18	18：30—21：45	花样滑冰	双人滑短节目	北体大远程1	刘颖健、韦艳鑫
2022/2/19	19：00—22：10	花样滑冰	双人滑自由滑决赛	北体大远程1	王笑阳、刘颖健

三、主要内容

（一）前期准备

花样滑冰项目的解说前期准备与其他项目一样，学院安排了专项的课程以及相应的考核。与其他项目不同的是，花样滑冰除了要熟知比赛的规则、评分标准以外，还要求解说员有更多的知识储备，可以应对不同选手的比赛风格，这就要求我们在前期准备时除了要照顾到细则外，还要有广泛的知识涉猎。

双人滑.JPG	2022/2/3 下午 12:45	2.8 MB	JPEG 图像
双人滑.pdf	2022/2/6 下午 1:16	2.8 MB	PDF 文稿
双人滑短节目.docx	2022/2/18 下午 8:27	3.4 MB	Micros...(.docx)
双人滑竞赛官员.pdf	2022/1/30 下午 8:42	184 KB	PDF 文稿
双人滑赛季最好成绩.pdf	2022/1/30 下午 8:42	184 KB	PDF 文稿
双人滑训练顺序.pdf	2022/1/30 下午 8:41	357 KB	PDF 文稿
双人滑资料.docx	2022/2/6 下午 2:15	21.5 MB	Micros...(.docx)
双人自由滑.docx	2022/2/19 下午 8:24	18 MB	Micros...(.docx)

图 1 花样滑冰项目解说前所准备的相关资料

（二）直播解说

6 场花样滑冰的解说形式均采用线上的方式。比赛当日，解说同学与咪咕监播的老师会提前半小时进行最后的信号测试，在调试好网络、设备等后，再开始正式的直播。在直播时，解说同学会与咪咕监播的老师在微信群中实时保持沟通。由于花样滑冰单场比赛的直播时间较长，这也对我们的业务能力提出了更高的要求。

（三）赛后复盘

花样滑冰除了强调竞技性外，更强调美感，这份美感也需要通过体育解说体现出来。当然，美感的培养绝对不止有念诗这一种方式，它应该是全方位的，包括声音、内容、情绪。花样滑冰每一场解说的时长都可以达到 3 个小时甚至 4.5 个小时，在这个过程中解说员也会有针对性地去调整自己的话语风格，尽可能贴合花滑的特点。

四、典型活动

（一）隋文静/韩聪15年并肩作战终获奥运金牌

刘颖健同学在2月18日和2月19日连续两天解说了花样滑冰双人滑的比赛。他的感受如下：

"在这场比赛中有我们中国的组合——彭程/金阳和隋文静/韩聪，还有来自俄罗斯奥委会队的三对非常强劲的双人滑组合。赛前，大众对于隋文静和韩聪是比较看好的，因为他们在上一届平昌冬奥会上获得亚军，而且与冠军就差了零点几分。但我们了解到的是，隋文静/韩聪要想夺冠其实并不容易。

"首先，隋文静/韩聪在这几年饱受伤病的困扰，两人都因此休战了很长时间。隋文静由于发育，此前引以为傲的抛四周跳，现在已经做不出来了。对于黄金年龄越来越年轻化的花样滑冰来说，隋文静/韩聪早已不在他们的巅峰期。

"其次，几组强敌来势汹汹。俄罗斯奥委会队一直是花样滑冰强队，尤其是他们的双人滑，在这个周期成绩遥遥领先。可以说，隋文静/韩聪只有在他们三组选手的围攻下突围成功，才可能拿到冠军。

"隋文静/韩聪在日常训练中非常刻苦，而且几乎是不计后果地突破自我、勇敢创新。在自己状态不佳的情况下，他们仍选择练习捻转四周。尽管这种突破带来的分数上的回报可能微乎其微，但是他们还是愿意去做这样的尝试，因为他们知道，如果不尝试可能就真的没有机会了。

"所以在对这场比赛进行解说时，我们并没有铺垫说隋文静/韩聪是夺金的大热门，反而是在强调对手真的很强、花样滑冰比赛变幻莫测等，以此来降低观众的预期。从隋文静/韩聪出场到最后出分，我们都非常紧张，这种情绪是自然流露出来的，不是演出来的。所以当宣布他们获得冠军的时刻，那种压抑的情绪全部释放出来。那一段我们的解说是充满喜悦的。我想这份情绪也能感染所有的观众，让他们沉浸其中，感受到隋文静/韩聪带来的感动，感受到冬奥会舞台的魅力。"

（二）男女单人滑的共性与个性

韦艳鑫同学在此次花样滑冰解说实践中承担了4场比赛的解说任务，其中包括男子和女子单人自由滑。通过实践，她体会到了同一项目在男女运动员身上的相似与不同：

"男子单人滑的大部分选手都具备四周跳的能力，所以不存在分析谁能跳四周跳和谁不能跳四周跳的情况，这是和女子单人滑相比，一个非常显著的差异。男单的比赛需要分析选手四周跳的个数和种类，提前计算跳跃动作的总基础分值，以便在解说中让观众直观地了解选手的节目难度和其本人的跳跃难度掌握情况。在这一点上，我虽然做了准备但是在实际解说中发挥得并不是很好，经常错过介绍的时机，从而没能把想说的内容在恰当的时机说出来。

"鉴于男子单人滑的特殊性，可以对花样滑冰6种跳跃的周数进化历史进行介绍，包括跳跃的发展历史等。加之北京冬奥会，日本选手羽生结弦将首次在国际滑联认证的赛事中进行阿克塞尔四周跳的挑战，这是比赛的一大看点，也是花样滑冰历史性的突破和挑战。阿克塞尔跳作为花样滑冰6种跳跃中难度系数最高的跳跃，需要向观众科普其难点在哪儿。这些资料均较为冗长，需要不断精简且不断将语言具象化，才能在紧凑的比赛中进行穿插。这也是我在本次男单解说中没有完成好的地方。

"女子单人滑与男子单人滑在跳跃上区别较大，所以不能采用和男单类似的解说思路和资料来进行介绍。女单选手能掌握四周跳的人数并不多，阿克塞尔三周跳和四周跳是顶尖选手的夺分利器，所以把男单解说中的跳跃进化史完全照搬过来是行不通的。在女单的解说上，我采用了统计每位选手不同单跳、联跳成功率的方法，并且针对女单跳跃多有用刃模糊、错刃、存周的问题，提前记录下了选手在跳跃上需要注意的点。跳跃作为花样滑冰中的重点之一，也是解说员经常出现问题的"重灾区"。如果解说员不能做到对30位选手之前的表现都非常熟悉，那么统计跳跃成功率和收集问题就至关重要。这是我在男单解说中没有考虑到的地方，在女单解说时，我进行了尝试，发现对于减少留白和做针对性评价颇有成效。"

五、成效评价

在北京冬奥会这样一个重要的节点，讲好中国体育故事有助于我国大力推进冰雪项目，营造全民参与体育的良好社会氛围。北体解说团队始终将弘扬爱国主义精神、讲好中国故事作为解说的基本盘，将中国体育的故事和精神传递给观众。尽管中国女子冰球队的实力相对较弱，但我们依然极力宣扬着中国女子冰球的精神，在其他的解说场次中为其出谋划策；尽管雪车项目并不是中国运动员技压群雄的舞台，但我们依旧将一个个奋勇拼搏的过程和创造历史的时刻，倾情地讲述给观众；尽管中国队的冰壶没有落到某个令人满意的位置，我们依然努力地将新一代的中国冰壶人的团结精神传递到大家的心中。无论我们解说的项目有无中国元素，抑或中国选手是否取得好的成绩，我们都将讲好中国体育故事作为信条，将中国体育的力量和国家的力量发扬光大。"唯金牌论""唯成绩论"皆不是中国体育故事的一部分，中国体育解说需要服务的是真正热爱体育、热爱国家并且饱含体育精神的受众。

六、实践思考

（一）经验总结

1. 把握节奏，控场解说

韦艳鑫同学在赛后复盘时发现自己出现了"错过时机"、"未找到插入背景资料的时机"以及"留白过多"的问题，经过她反复的思考，最终发现是自己容易被画面牵着走导致的。因为选手在做动作，所以必须同步解说动作；因为选手在等分，所以必须说和这位选手相关的内容；因为赛前6分钟热身时画面给到了某位选手，所以必须介绍他（她）的基本信息。过分跟着画面走，导致自己在遇到自认为跳出画面的内容时，都选择不说。然而比赛的程序设置都是一样的，每一组选手上场前6分钟热身，热身结束后选手依次上场比赛、等分，然后下一位选手上场，依次循环。这会使得很多补充信息没有机会说出来，如选手信息、动作解说、报分、下一位选手信息等，整体的解说内容也显得很单一。实际上在前几组排名靠后的选手上场时，中间可以突破同步解说动作的限制，穿插资料介绍，尽量在前面就把气氛活跃起来。解说的确应该贴合画面，但不应该被画面牵着走，控场的应该是解说员而非画面。

2.针对性评价更有特色

在赛前的资料准备环节，我们都会准备每一位选手的基本资料，但是这样远远不够，这些基本资料始终是浮于表面的信息，并不是对每一位选手深入的评价。在比赛前，如果能对一名选手有更深入的了解，包括他（她）的个人风格、动作特点、个人水平等，就能在比赛时作出更加有针对性的评价。对于这个问题，提前收集好每一位选手的动作信息，如跳跃的成功率、GOE（执行等级）加或减分的情况及程度、步法通常能定几级、旋转是否都能拿到GOE加分等。从数据方面对选手有一个初步的认知，这样在评价上会更中肯也会更贴切。

（二）未来发展

在本次的解说实践当中，我们产生了很多思考：什么样的解说风格是观众喜闻乐见的？总台的解说方式是唯一的"定式"吗？带着这些问题，我们在实践中找到了答案。

以花样滑冰的解说为例。在之前的花样滑冰解说中，解说员通常在选手的节目中"留白"，在选手完成整套节目之后才会进行评述。"留白"的模式在中国花样滑冰的解说中使用了很长的时间。随着人们对花样滑冰关注度的提升，总台的转播和解说无法满足受众需求，一些网络主播开始转播部分国外比赛，如全俄锦标赛、全日锦标赛等，获得了固定的粉丝群体。随着人气的上涨，他们开始在直播间以聊天的方式进行"解说"尝试，获得了较好的反响。"留白"模式逐渐被打破，"唠嗑"模式也渐渐被观众接受。近几年，咪咕体育、企鹅直播等新媒体平台逐渐购入花样滑冰赛事的转播权，冰迷们已经不仅限于通过央视来观看花样滑冰的比赛，所以对于解说风格的接受度逐渐提高，"留白"已经不再成为定式。

我们在解说实践中可能无法做到像总台解说员那样专业、吐字发音标准圆润，但我们可以扬长避短，用年轻化的解说语态、网络化的词汇表达、"唠嗑"式的解说风格，另辟蹊径，体现自己的解说个性。

当然，任何解说都是从模仿开始的，总台的解说风格给我们立了一个很好的标杆。我们只有先模仿和掌握了总台的解说风格，在不断的实践中产生思考和理解，才能最终形成自己的解说风格。

总的来说，在这次冬奥会实践过程中，北体解说团队学习了很多，收获了很多。每一位解说同学都为能在2022北京冬奥会上留下自己的声音而感到荣幸。当然，这绝对不是我们的终点。业精于勤，荒于嬉，我们要把这次服务冬奥会实践活动中学到的知识内化于心，让自己更加强大。

冬奥志愿之行

——倘徉在我热爱的体育中

服务地点：国家体育馆

服务人员：张樱馨

【摘要】本文从作者冬奥实践活动的具体工作内容开始，叙写了作者在冬奥实践活动中的工作情况，详细介绍了作者在冬奥实践活动中各个摄影岗位上的实践过程。作者在参与冬奥实践活动的过程中，逐渐激发了自己对于体育、对于志愿服务工作的热爱，收获良多。

一、背景介绍

作为2008年北京奥运会的竞赛场馆，国家体育馆继续作为北京冬奥会的竞赛场馆之一，承担着男子冰球和部分女子冰球的比赛。在冬残奥会时，国家体育馆也将承办残奥冰球的比赛。曾经的国家体育馆被亲切地称为"折扇"，而在北京冬奥会到来之际，"冰之帆"成为它的新昵称。国家体育馆在增设了一块冰场之后，也将兼具举办花样滑冰、冰球比赛的能力，可以实现夏季竞赛和冬季竞赛的双向转换。为了更好地承办北京冬奥会和冬残奥会的冰球比赛，国家体育馆还新增设了副馆——训练馆。训练馆分为一层、M层、二层。为了方便运动员在训练馆进行训练，训练馆的位置靠近运动员更衣室，并且训练馆和竞赛馆拥有同等比例的冰球训练场地，有助于教练员布置战术和运动员进行训练。而训练馆的M层则为摄影记者提供了摄影位置，并且也为转播人员提供了较好的位置。

作为冬奥志愿者，能够在被称为"冰之帆"的国家体育馆为冬奥会这样的国际大型赛事贡献自己的力量，我感到十分幸运和自豪。我们组成了志愿者大军，从1月23日（进入闭环）正式开始了北京冬奥会的志愿生活。

二、岗位分析

在国家体育馆做志愿者的这段时间里，我的工作岗位是媒体运行的摄影运行助理。摄影运行助理一共有20人，全部来自北京体育大学。冬奥会期间，由三位负责领导带领这20名志愿者辅助完成摄影运行的工作。摄影运行助理的主要职责是辅助在国家体育馆进行拍摄的摄影记者工作。摄影运行共计有9个岗位：摄影工作间、FOP（场地摄影位置）入口、摄影位置B、摄影位置C、摄影位置D、摄影位置E、摄影位置F、训练馆摄影位置以及媒体入口验证点。具体各岗位职责见表1。

表1 摄影运行各岗位职责

职责区域	负责人数	运行任务	备注
摄影工作间	2—4人	为摄影记者提供相应的咨询服务，维持摄影工作间的秩序；为摄影记者提供储物柜和FOP辅助通行物的更换。	摄影工作间是摄影运行的中心位置，工作间会和各摄影位置进行联动，及时为摄影位置提供信息。
FOP入口	1—2人	在FOP入口处做好摄影记者的出入引导和管控工作，协助摄影主管维持FOP的摄影秩序。	FOP区域作为离比赛最近的摄影位置，一直是摄影记者最希望进入的，因此作为"把关人"，FOP处的摄影运行助理责任重大。
摄影位置B	1—2人	开赛前在摄影位置入口处引导记者入场，维持摄影位置区域的拍摄秩序，提醒摄影记者此处禁止摄录，提醒和劝导摄影记者遵守防疫要求。	仅次于FOP区域的摄影位置，100个摄影位置都拥有网口和电口，是四层拍视视角最好的摄影位置，也是关键比赛时摄影记者都会选择的摄影位置。
摄影位置C	1—2人	运行任务同摄影位置B。	路线特殊的摄影位置，是摄影位置中离冰面最近的摄影位置。
摄影位置D	1人	运行任务同摄影位置B。	靠近技术分析台，和摄影位置B遥相对应。
摄影位置E	1人	运行任务同摄影位置B，并且分管马道。	手握马道钥匙的"管家"。
摄影位置F	1人	运行任务同摄影位置B。	无人问津的摄影位置，与OBS的工作人员"做伴"。
训练馆摄影位置	1人	运行任务同摄影位置B。	国家体育馆副馆的摄影位置。
媒体入口验证点	1人	核验人员身份，引导摄影记者去训练馆。	保安岗位，和文字工作间的同学相互轮岗。

摄影运行的志愿者从1月23日开始上岗，一直在国家体育馆完成志愿服务，直至2月20日北京冬奥会结束。在冬奥会开始之前，国家体育馆就已经开始进行冰球的比赛和训练，因此在志愿服务初期，摄影运行的20名志愿者是全部上岗的，而上岗时间是9：00—18：00。而在冬奥会开幕之后，国家体育馆的比赛安排更加紧张，一天会有三场比赛，因而摄影运行的20名志愿者会分为两班上岗，完成每天的工作。具体的工作时间是：早班8：00—16：00，晚班16：00—24：00。此外，根据当日赛程和可能出现的意外情况，早、晚班时间会有相应的调整。

三、主要内容

摄影运行助理的具体岗位较多，我根据对应位置的规律和特点对各个岗位进行梳理，对整个案例内容做全面系统的介绍。

（一）摄影工作间内：为记者保驾护航

摄影工作间的工作更像是为摄影记者和其他摄影点位的朋友保驾护航。志愿者在工作间的时候，最需要上心的是FOP袖标的发放登记和储物柜的借用登记，有很多记者走的时候过于着急，就会忘记要更换袖标和送还柜子的钥匙。在工作间工作时需要注意和记者们的交流，在比赛结束后要主动提醒记者更换FOP袖标，这样可以更好地保证袖标的回收。此外，工作间的志愿者要做好和摄影位置志愿者的联动，以保证摄影记者可以快速到达目标摄影位置。

图 1　志愿者在摄影工作间内整理摄影记者袖标，做好消毒工作

（二）FOP 入口：检查袖标

这一岗位的职责主要是确定摄影记者是否更换袖标，确认后才能允许其进入 FOP 区域拍摄。FOP 区域偏冷，但是能够在比赛结束之后看到运动员前往混合采访区。

（三）摄影位置 B/C/D/E/F：确保各位置摄影任务正常进行

摄影位置 B 是除了 FOP 之外，摄影记者人数最多的地方。志愿者在这里的工作是要保证摄影位置上的摄影记者的拍摄，需要对其他来观看比赛的工作人员或运动员陪同人员进行相应的劝阻，引导他们到正确位置观赛。

摄影位置C是摄影位置中距离冰面最近的，同时也是楼上的摄影位置里面路线最复杂的。很多记者认为摄影位置C和摄影位置D在视觉上是楼上楼下的关系，但是在闭环内的流线上，摄影位置C是极为特殊的。因此，摄影位置C的志愿者要做好摄影记者的引导带领工作，要和摄影工作间的同学相互配合。

摄影位置D在摄影位置B的正对面，是位于技术分析台上面的摄影位置。因为位置和视角的关系，摄影位置D并不会有许多摄影记者前来拍摄。值得一提的是，摄影位置D是一个极佳的观赛位置。

摄影位置E位于第二层，是距离国家体育馆媒体入口最近的摄影位置。在摄影位置E的志愿者主要负责看管马道。我有幸上过一次马道，高度非常可观，感觉非常刺激。此外，摄影位置E可以清楚地看到球门的位置，是很好的低楼层观赛位置。

摄影位置F是位于第四层比较偏僻的摄影位置，靠近电梯。我没有看到过摄影记者来拍摄，每次只能和OBS的工作人员面面相觑。

（四）训练馆摄影位置：引导记者前往

训练馆作为运动员们训练的场馆，与主竞赛馆相隔一定的距离。因此，在训练馆的志愿者需要和负责媒体入口验证的志愿者做好沟通，引导记者从竞赛馆到训练馆，并在训练馆摄影位置上进行拍摄。

（五）媒体入口验证点：验证人员身份

这个岗位是媒体前往训练馆和从训练馆回到主竞赛馆的验证通

道，志愿者需要和安保人员以及文字工作间的志愿者进行合作，验证人员身份（注册卡上有4区权限的记者）；对有前往训练馆需求的摄影记者和志愿者进行引导。媒体入口验证点可谓是百分之百的保安岗。

四、典型活动

（一）深入交流：自学中文的加拿大记者

为了让来自全球各地的摄影记者更好地了解中国，摄影工作间特别设立了中文学习台，为记者们发放免费的中文自学读本。在男子冰球的铜牌争夺赛前夕，有一位外国摄影记者来到工作间，希望能够获得帮助。让我们非常意外的是，他在来到中国之前，自己学习了中文。他用不怎么熟练的中文对我和我的同伴说："我是从山（san）上过来的，山上冷（len），我在山（san）上拍照（zao），手指受伤了。"当听到这位外国记者说中文的时候，我们的第一反应是震惊，而后就下意识地开始和他用中文交流。虽然，在一开始我们没有理解到山（san）的意思，但是很快我就明白了他是从延庆过来的。当我用中文对他说延庆的时候，他显得非常兴奋，虽然是中英文混杂在一起交流，但是我们知道了这位记者是从延庆特意赶过来拍摄斯洛伐克和瑞典的比赛的。当看过当日的赛程之后，他希望能去训练馆拍摄冰球队的训练。在送他去训练馆的路上，他还跟我说，在延庆的时候因为没有什么人能够和他用中文交流，所以他的中文说得并不好，还是在这边有更多的中国志愿者，可以和他交流中文。他还激动地和我说，明年他就要搬到中国来居住了，本来之前就要来中国居住的，但是舍不得在加拿大的朋友们，所以迟迟没有来，但是这次冬奥会让他下定了决心，因为中国的美食深深地吸引了他。在他从训练馆结束拍摄回到工作间之后，我们送给了他一本冬奥的中文自学读本，希望他未来在中国的生活能够幸福快乐。

在工作间工作的时候，我们很少能碰到会说中文的外国记者，所以当我们遇到时总是很激动。我们也会在工作间教一些愿意学习中文的记者中文，也希望通过冬奥会和冬残奥会能够让更多的人了解中国，开始对中国、中文感兴趣，开始学习中文。

（二）惊喜邂逅：他既是视频分析师，又是北体老学长

在本次冬奥会中，我们中国男子冰球队通过了国际冰联的评估，获得了参与冬奥会的资格。摄影位置D是位于四楼的摄影位置，位于技术分析台的上面。在摄影位置D工作的时候，我经常能够看到中国队的视频分析师。这位戴着红色帽子，穿着中国红色"CHINA"队服和亮眼的荧光绿色鞋子的视频分析师给我留下了深刻的印象。在训练馆工作的时候，我曾经看到过这位高大的分析师站在转播的位置上录制视频，分析中国队的对手。但是当时，我们很多志愿者都以为他是OBS的转播人员。一天，当我们即将从训练馆返回的时候，他突然和我们打招呼："你们好，我是中国队的，你们不会都以为我是OBS的吧？"我当时的第一反应是完蛋了，我们说的话都被人家听到了。但是当我们听到他来自中国队时，还是非常开心的！再次在摄影位置D看到他的时候，他还穿着那身亮眼的红色衣服和荧光绿色的鞋子。在和他聊天的过程中，我得知他也是北京体育大学的学生，是我们2017级刚刚毕业的学长。在毕业之

后，他曾先后在中国女子冰球队、昆仑鸿星俱乐部以及中国男子冰球队担任视频分析师。在冬奥会期间，他也跟随中国男子冰球队来到国家体育馆，并负责帮助中国男子冰球队进行球员技术动作以及对手战术、战略的分析。

通过和这位学长的交流，我感受到了体育运动对于人的影响，以及能够在自己所热爱的行业里工作是一件多么幸运的事情。作为一个热爱体育的人，能够愈发深入地感受体育运动的魅力，我认为这是非常幸运的。通过冬奥会，通过和体育行业的从业者交流，我对于自己未来的职业规划有了更加清晰的目标。

图 2　工作状态下的中国男子冰球队视频分析师

五、成效评价

（一）国家队在战斗，我们也在战斗

国家体育馆是男子冰球和部分女子冰球的比赛场馆。能够见证中国男子冰球队在冬奥会上的第一次比赛，我们是非常激动的。我现在依然记得，第一场中国队对阵美国队的比赛，我在看到中国队队员从运动员通道走出来、听到主持人介绍运动员名字的时候，有多么激动！虽然我们获胜的机会相对较少，但是我们的队员在场上顽强拼搏，直到体力不支，才开始频繁失分。虽然我们所期待的进球并没有出现，中国队0∶8输给了美国队，但是正如队长叶

图3　作者在FOP区调整摄影记者的摄影位置

劲光说的那样，登上冬奥会已经完成了一个伟大的梦想，让世界记得我们来过。因此，在之后的几场比赛里，中国队继续顽强拼搏。2月12日，中国队对阵德国队，中国队打进两球，我和我的小伙伴们也难掩激动的泪水，抱在一起庆祝中国队的进球。2月15日，中国队对阵加拿大队，我们依然没有退缩。尽管中国冰球队以三场失利结束了自己短暂的冬奥会旅程，但是一个个精彩瞬间已经被我们所铭记。冬奥会的结束对于中国冰球队而言，既是一个终点，也是一个起点。作为一名新传学子，我也不禁感慨：在冬奥会的报道中，我们很少能看到关于中国冰球队的报道，他们真的值得一些额外的关注。我们会永远记住，2022年的2月，有这么一群人守一座守不住的城，打一场打不赢的仗，直到最后一秒也没有放弃拼抢！而在这个过程中，身为志愿者的我们也在战斗着、激动着。

（二）服务北京冬奥，传播冰雪运动之美

作为一个在哈尔滨出生和长大的孩子，此次能够成为北京冬奥会的志愿者，我感到非常荣幸。能够为我们的国家成功举办冬奥会贡献力量，让大家通过冬奥会更加了解冰雪运动，我想这可能就是我来做志愿者的意义。"服务北京冬奥，传播冰雪运动

图 4　作者在北京冬奥志愿服务时的场景

之美，让更多的人能够了解并参与到冬季体育项目之中，让更多人去感受冰雪运动的魅力，感受体育的魅力。"当我写下这些文字的时候，回忆起在冬奥会的点点滴滴，依然会激动地流泪。我想这可能就是体育的魅力，也是我决定成为志愿者的原因。

六、实践思考

（一）经验总结

在冬奥会初期，因为比赛的数量不是很多，多是各个国家运动员的训练，因此我们是全员上岗进行工作的。在这一阶段，我们的主要任务是快速熟悉场馆的各个摄影位置以及摄影位置流线。因为国家体育馆比较大，而且闭环内和闭环外是严格分开的，加之分区管理，所以熟悉摄影位置流线就是当时最重要的事情。在当时，对于没有参加过测试赛的我来说，最大的困难就是在场馆中经常迷路，并不能很好地找到每一个摄影位置，也很难找到我们的摄影工作间。为了让自己成为一个"路路通"，在最开始的几天，我会主动承担带摄影记者去摄影位置的工作，并在上岗之前自己熟悉路线，把每一个摄影位置都走一遍，这样我很快就熟悉了每一个摄影位置的路线。

在摄影位置上，最重要的就是提醒摄影记者戴好口罩，隔位就座。在很多情况下，为了拍照方便，一些摄影记者会摘下口罩进行拍摄，这是不符合防疫要求的，所以需要我们志愿者进行提醒，对他们进行耐心的劝导。在比赛的时候，一些重要的摄影位置需要保证只有摄影记者可以就座，对于一些坐在摄影位置上观看比赛的人员，志愿者要进行劝导，提醒他们坐到指定区域，以免影响摄影记者的拍摄。

比起摄影位置的工作，摄影工作间的工作就更为烦琐，志愿者需要每天对TG班车时刻表、每日竞赛日程、每日VMC开放和关闭时间、摄影记者通气会时间等进行更新。志愿者在工作间还要注意和摄影记者的沟通，需要为记者登记更换袖标并且根据需要提供茶歇和储物柜。在这个过程中，要对记者的信息进行登记。对于那些在VMC下班之后没有归还储物柜钥匙的记者，志愿者需要提醒他们。有很多记者因为工作比较繁忙、拍摄任务比较重，很容易忘记归还储物柜钥匙，对于这样的记者，志愿者要在他离开场馆之前找到他并善意提醒他归还钥匙。而对于一些有长期使用储物柜需求的记者，志愿者也要提供一些短暂过夜的储物柜。志愿者在工作间会接触到大量的摄影记者，所以很重要的一点是要根据疫情防控的要求做好防护和消毒。当有记者要从工作间出发去摄影位置的时候，我们会分出人手，并和摄影位置的同事进行沟通，带领摄影记者前往摄影位置。

（二）未来发展

在北京冬奥会做志愿者的这段时间，我接触到了很多从事体育相关行业的人，对于自己未来的发展有了更加清晰的目标。通过学长的经历，我深刻地感受到了能够在自己热爱的行业里工作是一件多么幸运又快乐的事情，也让我坚定了继续在体育新闻这一领域里前进的想法。从这次冬奥会可以看出，我们在赛事的拍摄上和外国经验丰富的摄影记者相比还是有一定差距的。我们的经验或许还没有那么丰富，但作为一个喜欢体育、热爱体育的人，我觉得能够在未来为中国体育新闻事业的发展作出自己的一份贡献是非常荣幸的。

　　志愿者服务的过程是漫长而艰苦的，但回味的过程却是悠然而享受的。我们为国家、为体育、为学校增光添彩，发光发热，也对自己的专业和职业有了新的认识。我一定会积极投身于国家的体育事业和新闻事业，这是我热爱并且乐意徜徉的舞台。即使我只有萤火虫般的光亮，我也希望展现出我的光芒。

案例九　国家体育馆服务之旅

——北体学子风采飘扬

> **服务地点：** 国家体育馆
>
> **服务人员：** 马骁、董美彤、马笑涵、佘奇瑶、张樱馨、
> 付莉莎、王雪、皮家鸣

【摘要】本案例主要汇总了北京体育大学8名同学作为志愿者在国家体育馆摄影运行领域和新闻运行领域的工作岗位、典型案例、经验思考等内容。同学们甘愿为这次盛大的体育赛事奉献自身的力量，将青春年华投入我们为之自豪的体育事业之中。同时，他们代表着北京体育大学新闻与传播学院，自始至终都力争在冰雪舞台背后展现出北体学子最美的风采，让最好的中国故事能够在我们的加持之下，随风飘扬，发扬光大。

一、背景介绍

国家体育馆（National Indoor Stadium），别名"折扇""冰

之帆"，总面积约9.8万平方米，位于北京市朝阳区天辰东路9号，是奥林匹克中心区的标志性建筑之一、2008年北京奥运会三大主场馆之一，也是2022北京冬奥会和冬残奥会赛事场馆之一，主要承担所有男子冰球比赛和部分女子冰球比赛。2022年2月8日，作为北京冬奥会、冬残奥会冰球比赛场馆，国家体育馆的软硬件设施条件均得到国际冰联的充分认可。

国家体育馆训练馆集中体现了冬奥会的冰雪元素。训练馆的外立面采用冰块造型的玻璃幕墙设计，863块一面光滑、一面具有凹凸质感的冰花图案的压花玻璃组合在一起，在灯光照射下，就像用冰块垒砌而成。馆内共有14个球队更衣室，每个都有171平方米，每个更衣室内设冰刀打磨间、储藏间、医务间和教练室。

国家体育馆在场馆的西侧和北侧设置了下沉广场，赛时运动员、媒体、贵宾等可以通过下沉广场直接进入场馆。在体育馆东侧和南侧设置了缓坡式观众聚散广场，观众和赞助商可直接从城市道路通过缓坡式聚散广场进入体育馆的观众层，避免与运动员、媒体、贵宾及车辆的交叉。

二、岗位分析

为了更好地承担国家体育馆的体育比赛，其领域细分为很多种类，如媒体运行领域、体育领域、转播领域、志愿者领域、公共卫生领域、颁奖礼仪领域等。由于我们组主要涉及媒体运行领域中的摄影运行和新闻运行，所以主要从这两部分展开描述。

媒体运行领域中的摄影运行，主要服务来自全球的摄影记者，服务地点有摄影工作间、摄影位置〔分为场地（FOP）摄影位置、主馆摄影位置和训练馆摄影位置〕、媒体验证点几个部分。摄影运行领域的志愿者采取轮班制，每位志愿者都会轮到所有的工作岗位。工作岗位分配见表1。

表1　2022北京冬奥会国家体育馆摄影运行志愿者岗位分配

岗位地点		岗位主要职责	岗位人数	备注
摄影工作间		为摄影记者提供信息并联系各个点位	2—4	摄影记者的"大本营"，摄影运行的"大脑"和"心脏"
摄影位置	场地摄影位置（FOP）	维持场地摄影位置秩序	1—2	主摄影位置之一，是最近距离的摄影位置，是摄影记者的"兵家必争之地"
	主馆摄影位置B	维持点位秩序、配合工作间	1—2	主摄影位置之一，场馆正西侧看台上方，正面对冰面logo
	主馆摄影位置C	维持点位秩序、配合工作间	1—2	场馆正东侧看台下方，最接近冰面的看台位置
	主馆摄影位置D	维持点位秩序、配合工作间	1—2	场馆正东侧看台上方
	主馆摄影位置E	维持点位秩序、配合工作间、兼顾马道	1—2	西北角看台上方，45°角位置
	主馆摄影位置F	维持点位秩序、配合工作间	1—2	场馆正南侧看台上方
	训练馆摄影位置	维持点位秩序、配合工作间	1—2	训练馆二层夹层北侧
媒体验证点		维持验证点秩序、指引路线	1—2	场馆正西侧一层入口

除了摄影运行外，新闻运行主要服务来自全球的文字记者。因为在奥运会比赛中，文字记者与摄影记者的分工不同，这样可以很好地提高工作效率。新闻运行志愿者主要分为四个岗位，如图1所示。

功能区	岗位	职责	P1	P2	V
	新闻运行经理	场馆新闻运行工作 总体管理和协调（含OIS）	1		
	新闻运行副经理	场馆新闻运行工作		1	
记者工作间	记者工作间主管	负责场馆记者工作间运行		1	
	记者工作间助理	协助场馆记者工作间运行			
记者看台席	记者看台席主管	负责记者看台席运行		1	
	记者看台席助理	协助记者看台席运行			
新闻发布厅	新闻发布厅主管	负责场馆新闻发布厅运行			
	新闻发布厅助理	协助场馆新闻发布厅运行			
混合区	混合区主管	负责场馆混合区运行		1	
	混合区助理	协助场馆混合区运行			

图 1   2022 北京冬奥会国家体育馆新闻运行志愿者岗位分配

　　媒体运行志愿岗位从 2022 年 1 月 23 日便开始运行，直到 2 月 20 日冬奥会结束。因为在冬奥会开幕式之前便有训练和比赛，还有一些赛前的准备工作，因此一些志愿者会提前上岗。1 月 24 日—2 月 2 日志愿者全体 9：00—18：00 上岗，2 月 3 日第一场比赛开始之后，由于每天的工作时间较长，分为两班轮岗——早班和晚班，早班是 8：00—16：00，晚班是 16：00—24：00，根据每天比赛的时长略有调整。新闻运行的同学要服务混合区和新闻发布厅，因此要等到比赛结束记者们都采访完运动员后才可以离开。

三、主要内容

（一）摄影运行主要工作内容

　　摄影工作间工作内容：为摄影记者提供相应的咨询服务；维持摄影工作间的秩序；打印储物柜申领表，向摄影记者发放储物柜钥匙。

场地摄影位置（FOP）工作内容：在场地入口处做好摄影记者的出入引导和管控工作；协助摄影主管维持摄影秩序。

主馆摄影位置（B/C/D/E/F）和训练馆摄影位置工作内容：开赛前在摄影位置入口处引导记者入场；维持摄影位置区域的拍摄秩序，提醒摄影记者此处禁止摄录；提醒和劝导摄影记者遵守防疫要求；如遇到非常态事件，及时上前劝诫并上报情况。

（二）新闻运行主要工作内容

混合区：分为采访区、区域管控、验证点这三个岗位。采访区的职责是询问记者的采访需求（要采访的运动员的号码，以及需不需要采访教练等），帮助记者递手机、录音笔，让他们可以更加方便地采访到我们的运动员。区域管控的任务就是维护现场秩序，因为有些重点比赛记者会比较多。验证点的工作是查验证件，不让无关人员进入混合采访区干扰记者的采访，并统计进入采访区采访的记者数量。

新闻发布厅：在新闻发布会开始前完成新闻发布厅的布置工作；新闻发布会开始前核对出席人员名单、名字拼写以及制作并打印名牌，引导出席发布会的运动员及教练员前往发布厅；新闻发布会开始前需由志愿者提醒在场媒体记者关于新闻发布会的注意事项；志愿者需向媒体介绍防疫政策，确保社交距离。如有媒体记者违反注意事项或防疫政策，需及时汇报。新闻发布会进行时志愿者需传递话筒，并进行消毒。新闻发布会后志愿者需引导媒体及运动员离开新闻发布厅。

文字记者工作间：了解记者工作间准入政策；提供语言服务、问询服务、付费传真/复印、信息公告及技术支持；进行记者签到，提供储物柜服务等；放置打印好的出场名单、成绩单、即时引语、项目信息等。

记者看台：保障看台相关区域的正常运行，出现重大问题时，及时报告主管，查验文字记者注册卡权限，引导文字记者到达相应的座席；确保文字记者遵守防疫要求，佩戴口罩及保持社交距离；维护看台秩序，防止出现干扰比赛、影响其他媒体等违规现象；发生非常态事件时，如文字记者表现出涉政敏感行为，第一时间上前制止并报告主管；看台区域设施设备出现故障时，及时报告主管。

图 2　2022 年 1 月 25 日，我院志愿者在国家体育馆馆外搬运物资

四、典型活动

（一）引导焦急记者，收获欣慰之礼

"2 月 19 日，我和我的同学在媒体休息区遇到了一位焦急的记者，"董美彤同学回忆说，"他过来询问我和我的同学知不知道主媒体中心的核酸几点截止，但我们是媒体运行领域的志愿者，不在主

媒体中心工作，所以并不了解核酸检测的政策。我突然想到第一天开会的时候，曾经记下了负责核酸检测的老师的电话，当时已经是22∶18了，其实已经很晚了，但老师很快就接听了我的电话并帮助我们查询出了检测截止时间为23∶00。这位记者朋友需要马上乘坐班车赶往主媒体中心。信息服务台的一位志愿者也过来帮忙，查到最近的一班车是22∶24发车，而此时已经22∶22。服务台的这位志愿者非常负责，怕记者找不到乘车点，所以他就直接陪记者去乘车点。这位记者朋友也很可爱，跟着我们的志愿者冲出门口，又小跑回来递给我一张贴纸，一个令人惊喜的小礼物！在我们几个人的配合下，只用了6分钟就解决了这个棘手的问题，再次体会到了助人的快乐。"

图3　2022年2月20日，我院志愿者在国家体育馆混合采访区工作

（二）引路俄罗斯记者，相约各自回礼

马骁同学讲述了他为俄罗斯记者引路的工作经历："一位俄罗斯的文字记者在场馆中与我有了一段不解之缘。他问我在哪能看到比赛，我带领他去了记者看台，告诉他哪些座位可以坐。随后他又

问我哪里可以打到闭环内的网约车，我带他出了场馆给他指了网约车的位置。在路上，我也和他频繁交流。我问他是哪个国家的，他说他来自俄罗斯莫斯科。我夸他英语说得很棒，他很开心并主动和我握手，告诉我他的名字是什么，但很长一串俄文我是真的没有记住。更重要的是，他还询问了我的名字，我便告诉了他。随后他给了我一枚俄罗斯代表团的徽章，他还问我要了地址和电话，说要联系他的中国朋友，到时候回国后给我寄一些莫斯科的明信片和徽章以示感谢！我非常感动，这个俄罗斯记者非常友好，他的热情和真诚也让我感到十分暖心，让我切身感受到了志愿服务工作的价值！"

（三）抚慰迟到记者，掌握应变技巧

付莉莎同学也为我们讲述了她抚慰迟到记者的故事："有一个记者来得比较晚，着急进入场地摄影位置（FOP）工作，跟我们交涉的时候情绪稍显激动。我们一边安抚记者的情绪，一边尽快为他安排通行辅助袖标，让这位记者顺利进入FOP拍摄。记者走后，经理告诉我们，如果有记者态度不好就可以找他帮忙，一定要保护好自己、避免不必要的冲突。听到经理的安慰我们很感动，也明白要学会及时应变处理非常态问题。"

五、成效评价

（一）媒体休息区：有问必答，有疑速求

媒体休息区虽然是归志愿者领域管，但只要记者向我们寻求

帮助，我们就应尽力去帮助记者解决问题。如果自己能力不足以解决问题或者不知道如何去解决问题，就要立即请示上级或求助有能力去解决问题的人。我们不仅要在冬奥服务中做到如此高效，在日常生活中，当我们处于一个应当帮助他人的位置的时候，也要做到这样。

（二）场馆媒体中心：眼观六路，耳听八方

场馆媒体区是指场馆的记者看台、记者工作间、混合采访区和新闻发布厅。文字记者一般先是到文字记者工作间放下随身物品，然后去看台看比赛，再到混合区采访，接着去新闻发布厅开新闻发布会，然后再回到文字记者工作间工作。我们在场馆媒体中心虽然有不同的岗位，但作为志愿者早在刚来到场馆的时候就已经熟悉过工作流线了，因此当记者不熟悉场馆媒体中心的流线的时候，我们每个岗位的志愿者都有义务去帮助他们。在帮助他们的同时，也温暖了自我，彰显了我们志愿者的风采。外国友人们对我们产生了很好的印象，互相送小礼品也成为一种常态，这间接促进了文化的传播与交融。

（三）场地摄影位置（FOP）：将心比心，以礼待人

随着赛程的深入，FOP区域的记者越来越多，暴露的问题也会随之增多。有一些摄影记者可能会不按规则、规定行事，志愿者按照规章制度应劝记者遵守规定。但有些记者遇到比较着急的事情或者情绪不稳定的时候，我们首先要做的就是耐心劝阻，态度一定不能强硬，若劝阻无果便向上级汇报此事，切不可与记者发生不必要的言语和肢体冲突，以免产生不良后果。我们在志愿

服务中总是被强调这一点，因而没有出现大的纰漏。在生活中，我们同样要设身处地为他人着想，不可丧失礼节，解决不了的问题不要自作主张。

六、实践思考

（一）经验总结

作为媒体运行领域的志愿者，我们每天都要与大量的国外记者接触。与这些国外记者的每一次交流，不仅是对我们英语口语能力的一种锻炼，更是对我们人际交往能力的一种磨炼。通过与国外记者或者运动员的接触，许多之前声称自己"社恐"的同学，都发生

图 4　2022 年 2 月 21 日，我校志愿者赛后在国家体育馆合影

了很大的变化：他们变得更加开朗，更加愿意主动去与人交流和沟通。在与不同国家和地区的记者接触后，我们也可以了解到不同国家和地域的文化和一些风土人情。同时，每天与我们并肩作战的同样也是志愿者，我们分了不同的领域甚至不同的小组，每个小组都是一个小团体。服务冬奥的过程并不是一个人的单打独斗，而是一群人的相互配合，你只有信任自己的伙伴，才能放心把后背交给对方。在团队协作的工作过程中，不仅增进了和团队小组成员之间的友谊，还锻炼了个人的团队协作意识，增强了集体荣誉感。

（二）未来发展

总体来讲，2022北京冬奥会的举办获得了巨大的成功，在国际、国内都获得了很多的好评。从志愿者的视角来看，此届冬奥会值得我们进行以下两个方面的思考。

1. 疫情期间闭环保障

在本届冬奥会的举办过程中，严密的防控和全面的保障创造了一个不可能完成的奇迹，向世界展示了中国防疫工作的有力与高效。在冬奥志愿期间，有关人员进行了大小闭环的分级管理，闭环内的志愿者、工作人员每天上岗遵循两点一线原则，乘坐指定班车，活动范围只限于场馆和酒店，不能与外界人员接触，每天都要进行核酸检测和健康监测。观众属于闭环外，他们与环内志愿者、记者、运动员的完全隔离保证了赛场内外的安全，取得了良好效果。在志愿者服务结束后，仍然会根据情况执行"7+14"或者"14+7"的隔离措施，当核酸结果均为阴性且身体没有异常情况时方可移出。这样的思路为当今新冠肺炎疫情期间世界举办大型活动提供了良好的样板。

2.志愿者的管理机制

关于志愿者的管理，在日常生活方面主要由学校与驻地负责，包括每天的饮食起居、健康监测、上车下车统计、核酸检测。而在工作上岗期间则由场馆完全负责，包括日常上下班的签到、在场馆的用餐等。这样一来，就有了十分明确的分工，方便统筹规划和管理。

今朝有酒今朝醉。在这说长不长，说短也不算短的志愿服务过程中，我们各自在不同的岗位上发光发热，不计回报，忘却疲惫。我们未来可能成为新闻人、媒体人、体育人……但无论如何，这段志愿服务的经历都将成为我们记忆中一段珍贵的记忆，成为我们成长路上的一颗奠基之石。

携手同行

——国家体育馆内发光发热的北体人

> **服务地点：** 国家体育馆
>
> **服务人员：** 欧阳喆颖、李青昕、柴景涛、文心竹、许蕾、
> 肖帅龙、杨舟、翟昊冉

【摘要】本案例主要汇总了国家体育馆摄影运行领域8名志愿者的工作经历，从不同的岗位角度出发，以志愿者的视角亲历2022北京冬奥会。他们在一个和谐温暖的环境中工作，相互扶持、携手并进，在交流中总结出很多宝贵的经验，让闭环中的每一天都具有意义。其中，典型活动部分截取了志愿者在一线志愿服务过程中的三个具体事件，以此展开分析。

一、背景介绍

本组同学所服务的场馆是国家体育馆。国家体育馆又名"冰之帆"，是2022北京冬奥会赛事场馆之一，主要承担男子冰球赛事和

部分女子冰球赛事。

为了更好地承担国家体育馆的体育比赛，其领域细分为很多种类，比如媒体运行领域、体育领域、转播领域等，同学们所在的领域是媒体运行下的摄影运行，服务来自全球的摄影记者，服务地点有摄影工作间、摄影位置［分为场地摄影位置（FOP）、主馆摄影位置和训练馆摄影位置］、媒体验证点。除此之外，摄影运行领域一共有三位领导，分别是摄影经理、摄影副经理和摄影主管。其中，摄影主管直接管理志愿者，为志愿者安排每天的工作；摄影经理是一位来自美国的中年男性，早年也是一名摄影记者，拍过许多场大型体育比赛（奥运会、超级碗等），如今从一名摄影记者成为一名服务摄影记者的工作人员，他十分了解摄影记者们的需求。因此，我们也在摄影经理的带领下很好地完成了冬奥摄影运行的工作。

二、岗位分析

摄影运行领域的工作主要是帮助来自世界各地的摄影记者更好地完成工作。经过选拔测试的志愿者将担任摄影运行助理一职。

摄影运行志愿岗位从1月23日便开始运行，直到2月20日冬奥会结束。因为在冬奥会开幕式之前便有训练和比赛，所以志愿者会提前上岗。摄影运行一共有20名志愿者，由于每天的工作时间较长，分为两班轮岗——早班和晚班，具体工作时间根据每天比赛的时长略有调整，如场馆没有比赛就可以离岗，但如果比赛到凌晨，志愿者也会跟着直到凌晨才能下班。除了工作岗位之外，场馆的午饭和晚饭时间是11：30和17：30，这两个时间点志愿者可以轮岗去吃饭，吃完饭继续上岗，等待下一班换岗人员到来便可离岗坐大巴车回酒店休息。大巴车每日的时刻表根据每个岗位的志愿者上下岗的时间来安排，并依照坐满即走的原则。

三、主要内容

摄影运行要求志愿者密切配合、通力合作，做到信息的及时更新、场馆秩序的维持，以及一些基本便利性服务的保障。

图1　摄影主管对志愿者进行培训

（一）摄影工作间主要工作内容

（1）为摄影记者提供相应的咨询服务。

（2）维持摄影工作间的秩序。

（3）打印储物柜申领表，向摄影记者发放储物柜钥匙，并做好记录，提醒记者非过夜柜务必当天归还钥匙。

（4）打印袖标更换表，完成辅助通行物的发放和更换工作，并做好记录。

（5）打开所有CATV（有线电视网络）电视机。

（6）打印志愿者每日签到表并调整每个同学的上岗、离岗时间。

（7）每日更新白板信息：TG班车（赛区巴士班车）时刻表、每日竞赛日程（如有取消，需要把原日程写上，再标明"cancelled"；如有更改，也请在原日程上更改；及时查收群消息，如有更新立刻在白板上更改）、每日VMC开放和关闭时间、摄影记者通气会（Photo Briefing）时间。

图2　志愿者在工作间组装白板

（8）每日成绩单复印和分发，打印之后放入成绩公报柜。

（9）汇总摄影记者到馆的人数（12：00、18：00、VMC关闭后各汇总一次）。

（10）收集并妥善保存每日表格，在储物柜申领表和袖标更换表上写明日期和负责的同学。

（二）场地摄影位置（FOP）工作内容

（1）在 FOP 入口处做好摄影记者的出入引导和管控工作。

（2）协助摄影主管维持 FOP 的摄影秩序。

（3）领取防疫责任表。

（三）主馆摄影位置（B/C/D/E/F）和训练馆摄影位置工作内容

（1）开赛前在摄影位置入口处引导记者入场。

（2）维持摄影位置区域的拍摄秩序，提醒摄影记者此处禁止摄录。

（3）提醒和劝导摄影记者遵守防疫要求。

（4）如遭遇非常态事件，及时上前劝诫并上报情况。

（5）领取防疫责任表。

（四）媒体验证点工作内容

（1）与安保人员协作，验证人员身份（注册卡上有4区权限的记者可以进入）。

（2）引导摄影记者前往训练馆。

四、典型活动

（一）给摄影记者"指错路"，依然收获快乐

摄影工作间是每一位摄影记者到达场馆后第一个抵达的地方。

这里为摄影记者配备了桌椅、插线孔、网络、食物和储物柜，因为摄影记者有很多贵重且沉重的摄影装备，所以他们会首先选择来到摄影工作间放装备等。欧阳喆颖谈到了自己作为志愿者时的经历："还记得冬奥会开幕式后的几天，我轮到摄影工作间的岗位，遇见了一名外国记者，他来到工作间询问我摄影位置B怎么走。于是，我给他指路，B位置在看台第四层，摄影工作间在一层。他紧接着询问我有没有电梯可以乘坐，因为他的设备太重想要坐电梯。但是由于我刚开始对路线并没有很熟悉，加上英文交流让我有些紧张，所以给摄影记者指错了路。当我反应过来，跑上楼去寻找这位摄影记者想要重新给他指路时，就正好在二楼碰见了他。我用自己并不是很流利的英文跟他说：'抱歉，刚才给您指错了路，我可以重新带您去。'这位摄影记者也很有耐心，嘴里说着没关系，让我本来愧疚的心情变得轻松起来。我准确无误地带这位记者到达摄影位置，之后他还询问我应该在哪里就餐，虽然当时的我也不清楚，但是在询问了主管姐姐之后，我清楚地告诉了这名摄影记者，最后他也向我表达了感谢。这是我在北京冬奥会开幕以来第一次很完整地靠自己的能力帮助摄影记者，收获了开心快乐、幸福感和满足感。我想，这应该也让外国记者感受到了中国志愿者的青春活力和乐于助人的精神。"

（二）"赶走"了摄影记者，接受了精美胸针

看台摄影位置是专门为摄影记者们准备的，当然，有摄影记者的地方就有摄影志愿者。平时训练赛的时候还好些，只要到了正式比赛的时候，摄影位置总是会被各种各样的人"占领"。疫情防控的原因，国家体育馆被分为了闭环外和闭环内，除了观众看台之

外，其他看台都属于闭环内的位置。因此，正式比赛的时候，闭环内的工作人员、志愿者或者运动员在没有自己相对应的工作或者比赛时会在看台上观看当场比赛，很容易会坐到摄影位置上。这时摄影志愿者就需要指引无关人员移到其他区域的看台观看比赛，只要不坐在摄影位置上影响摄影记者拍照即可。欧阳喆颖回忆说："记得有一次我在摄影位置D上岗，临近比赛几分钟的时候，有一群不知道是哪个国家的运动员坐在了摄影位置上，他们个个高大强壮，我对自己做了很久的心理建设才鼓起勇气来到这群运动员的身边，态度友好地请他们离开摄影位置，并带领他们去到另一个可以坐下来观看比赛的位置。好在他们的脾气很好，也很有耐心，十分遵守规矩。当我以为我和他们的交流到此为止，准备转身离开时，其中一名队员叫住了我并给了我一枚拉脱维亚冰球队的胸针。我十分惊

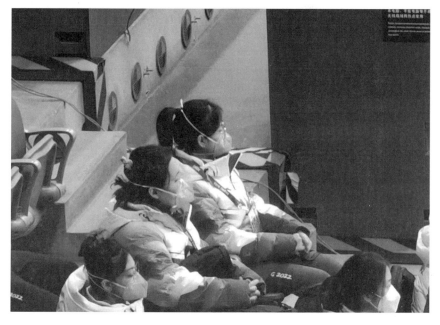

图 3　2022 年 1 月 30 日，志愿者在看台开会的场景

讶，我把他们'赶'走了他居然还送礼物给我。我看了看手里的胸针，才知道他们是拉脱维亚的运动员，当时真的非常激动，也十分开心能有这样一次奇遇。这是第二次别人主动送我胸针，这枚胸针也成为我在北京冬奥会期间仅有的二枚胸针之一。在了解了冬奥的胸针文化之后，我对收到胸针这件事感到更加开心。"

（三）小袖标，大工作

场地摄影位置（FOP）是离比赛场地最近的一个摄影位置，还不等比赛开始，冰面周围的长凳上就已经坐满了拿着长枪短炮的记者们。为了方便维持秩序，所有记者在进入场地摄影位置之前都已经换上了深蓝色的袖标。因为场地周围的摄影位置有限，国家体育馆的摄影运行决定采用袖标置换的方式来控制场地内记者的人数和流动，保证每一位记者的工作都能够顺利进行。这其中既包括POOL记者（这些记者分别来自盖蒂图片社、路透社、美联社、法新社和新华社，他们所采集的照片会提供给世界各地媒体，来保障世界各地的图片供应），也包括普通记者。按照优先级来讲，POOL记者因为职责重大，所以应享有更优先的服务条件，也就是可以优先进入场地摄影位置。但因为北京冬奥会实行"一馆一策"的管理方式，所以各个场馆之间的管理各不相同。在一些场馆，POOL记者可以随意在场地摄影位置挑选摄影位置，不必更换袖标，这就导致一些记者因为不了解国家体育馆的管理规定而没有及时更换袖标。

在比赛前期，一些POOL记者因为不熟悉场馆没有从媒体入口进入，而且也没有到工作间更换袖标。而体育领域的工作人员在维持场地秩序时发现无权限的记者在场地摄影位置就座，于是便交由摄影运行志愿者进行处理。比赛的临近使得急于工作的记者稍显急躁，不太愿意配合志愿者的工作，这时就需要志愿者用简单明了的语言对政策进行解释，并以最快的速度带领记者完成正常流程。在志愿者的细心劝导和耐心解释下，记者们终于走完正确的工作流程，最终没有耽误比赛拍摄。经历过这次事件后，志愿者们提前了袖标检查的时间，也和其他非媒体入口的志愿者进行了沟通，确保正确的入口引导，从而能够更早发现类似问题并及时解决。

五、成效评价

（一）摄影工作间：注重联动

摄影工作间的任务比较繁杂，摄影记者们刚来的时候找不到路很正常。工作间的志愿者和各个摄影点位的志愿者联动起来，才能很好地完成引导任务。总的来说，工作间的工作在摄影志愿者们的默契配合之下，完成得很好。

（二）主馆摄影位置：耐心解释

主馆摄影位置是一个能和运动员有交流机会的位置，在这个点位也会遇到场馆里各个岗位的志愿者和工作人员。总体来说，这是一个需要耐心的岗位，因为摄影位置经常被其他无关人员占领。这也体现了场馆在这方面的工作做得还不够到位，需要加强各岗位的位置意识，争取做到场馆内部人员积极遵守馆内秩序，减少许多不必要的麻烦。

（三）场地摄影位置：完善流程

随着赛程的深入，场地摄影位置的记者越来越多。为了防止再次出现超越权限进入场地摄影位置的情况，经理和志愿者们完善了赛前告知和赛中检查的工作流程，取得了较好的成效，记者们也越来越适应这样的工作节奏和习惯。记者们会提前进行袖标的更换，工作效率大大提高，他们对这一政策提出了较高的评价。此外，2024年巴黎奥运会相关方在参观国家体育馆摄影运行工作间时，也考察了解了场馆对于场地摄影位置的管理办法，他们对这样的管理方式也表示赞同，认为这是一种高效的方法。

六、实践思考

（一）经验总结

综上所述，志愿者们在各个岗位的工作不同，但面对的都是摄影记者。不管是摄影志愿者还是摄影记者，都有一部分人员的英语讲得不够流利，所以我们需要用自己所知道的信息来询问摄影记者是否需要这些帮助。毕竟摄影记者的需求都很固定，一般都是问摄影工作间在哪里、摄影位置如何走、比赛阵容、队伍名单、比赛总结等。这也让我们明白，遇到问题不要逃避，而是直面它、解决它，只有这样我们才能克服困难，拥抱更好的自己。在北京冬奥会中担任志愿者的角色，确实是一次来之不易的志愿经历。回顾这二十几天，我们把自己最好的一面留在了国家体育馆，每每想到北京冬奥会冰球赛场上有我们自己的身影，便感到十分骄傲和自豪。

同时，这里的奥运健儿们在赛场上拼搏的身姿也给予了我们巨大的能量和勇气，对我们以后的学习、生活和职业选择都起到了正向引导的作用。

（二）未来发展

总体来讲，2022北京冬奥会的举办获得了巨大成功，在国内外均获得了一致好评。从志愿者的视角，有以下几点思考。

1.疫情期间大小闭环保障安全

在本届冬奥会的举办过程中，严密的防控和全面的保障是一个不可能完成的奇迹，也向世界展示了中国防疫工作的有力与高效。在北京冬奥会期间，有关人员进行了大小闭环的分级管理，严密查控，防止疫情扩散与蔓延。对于志愿者而言，除了在场馆的全面防护、在驻地的实时健康监测报告之外，闭环是最有效的防疫措施。为了保证赛场氛围和效果，北京冬奥会依然引入了观众，于是便有了分区意识。观众于闭环内的完全隔离保证了赛场内外的安全，取得了良好效果。在志愿者服务结束后，仍然会根据情况执行"7+14"或者"14+7"的隔离措施。这样清晰的思路为世界举办大型活动提供了良好的样板。

2.集中管理调动各级资源

因为闭环管理，工作人员的后勤保障成为首要问题。除了场馆层面的"一馆一策"保证了赛事的正常运行，对于各个场馆中主要来自各高校的志愿者的管理，北京冬奥会采用了主要学校负责的制度。这样一来，就有了十分明确的分工，在集中的同时形成了相对完善的管理服务框架，既有益于进行相对集中的管理，又减轻了驻地和场馆统一管理的压力，与此同时也加强了不同高校之间的交流与合作，一举三得，同样十分具有借鉴意义。今后在其他需要大批志愿者的大型活动中也可以采用这样的管理运行方式，来减轻各方面的压力，进行资源整合。

3.增强文化输出意识培养

2022北京冬奥会举办之际正值我国农历春节之时，是很好的文化输出机会。在奥运村等场馆，我们都进行了很好的宣传工作，不过，仅仅向运动员们展示中国文化是不够的。在场馆的运行领域，面对来自世界各地的技术人员、保障人员、记者、官员，我们更应该把握每一个机会宣传中国文化，为讲好中国故事赋能。

2022北京冬奥会期间，数以万计的志愿者们不辞辛劳，在闭环之内同甘苦、共进退，最终呈现出这样一届伟大的冬奥会。作为北京体育大学的学生，能够为国家奉献我们的绵薄之力，我们每个人都感到无限光荣。"长风破浪会有时，直挂云帆济沧海"，我们将始终心系国家，回应国家对我们的期待，共同创造出一个属于我们的时代。

案例十一　紧邻新闻生产第一线

——在冬奥志愿服务中完善自我

> **服务地点：**国家体育馆
>
> **服务人员：**张馨月

【摘要】本案例以志愿者的视角讲述了2022北京冬奥会，并汇总了我在国家体育馆担任记者工作间助理时的工作经历。怀着为祖国的大型赛事出一份力的心情，我加入了志愿者队伍，希望如春风化雨，为来自世界各地的友人们尽绵薄之力。创造价值后的充实满足，是最令我心驰神往的。

一、背景介绍

我所服务的场馆是国家体育馆，又称"冰之帆"。本场馆是2008年北京奥运会三大主场馆之一，当时主要承担的项目为体操、蹦床、轮椅篮球。经过改造，国家体育馆在2022北京冬奥会期间主要承担的赛事为男子冰球及部分女子冰球。

场馆新闻运行的主要任务是为注册文字（E）、摄影记者（EP）及非持权转播商（ENR）提供所需的设施和服务。其中为文字记者提供的记者工作间工位226个，带桌记者看台席297个，不带桌记者看台席203个，无障碍记者看台席6个，新闻发布厅96个，新闻混合区24个。

二、岗位分析

本次服务2022北京冬奥会文字工作间的助理共有16人，他们分别在记者工作间、媒体休息区、媒体入口展开工作。

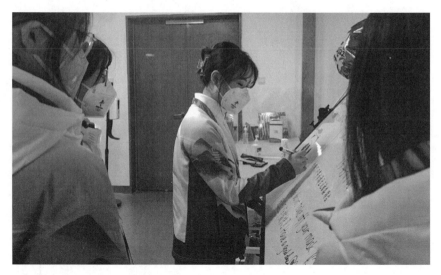

图1　志愿者书写记者工作间白板

（一）记者工作间岗位职责

（1）接待台接待服务。

（2）成绩公报柜维护。

（3）竞赛信息更新。

（4）提供简单茶歇。

（5）提供CATV、打印机（黑色和白色）、免费网络（有线和无线）。

（二）媒体休息区岗位职责

（1）提供售卖点相应服务。

（2）提供CATV和免费无线网络。

（三）媒体入口岗位职责

（1）记者信息卡信息核验。

（2）拦截没有记者权限的人进入媒体分区。

（四）工作时间

志愿者进入工作岗位的时间为2022年1月24日，结束时间为2022年2月20日。其中1月24日至26日为场馆培训，需全员到岗。1月27日后实行分班上岗，日常工作时间为早班9：00—16：30，晚班16：30—00：30（+1）。铜牌赛当日的工作时间为2022年2月19日10：30—02：00（+1），金牌赛当日的工作时间为2022年2月20日9：00—16：30。

三、主要内容

（一）记者工作间：更新信息，维护环境

志愿者在记者工作间的日常工作主要是：每日上岗前打开

CATV、打印机和空气消毒器；提供每日班车信息；更新白板上每日赛事及训练信息、随时更新和补充茶歇。比赛时主要工作是在赛前提供首发名单、赛中提供技术分析报告、赛后提供成绩等赛事信息。在金、铜牌赛时，还要帮助混合采访区进行采访登记并且发放辅助通行物。其中金牌赛后，还需要引导记者评选本届最佳MVP（最有价值球员）。

（二）媒体休息区：更新信息，兼顾引导

志愿者在媒体休息区的日常工作主要是：每日上岗前打开CATV；提供每日班车信息、更新白板上每日赛事及训练信息。在实际工作中，媒体休息区面临更多的问题其实是问路指引，所以需要了解各个分区的大致位置。

（三）媒体入口：核验记者信息，检查应有权限

志愿者在媒体入口的日常工作主要是：记者注册卡信息核验，拦截非拥有记者权限的人进入媒体分区。工作任务看似简单，却没有任何容错空间，必须全神贯注。

四、典型活动

2022年2月13日晚，在记者工作间内，一位乌克兰记者询问接待台志愿者，是否能够得到官方证实：归化球员在混合采访区接受采访时必须使用其本人原本国籍的语言。接待台志愿者在意识到其问题存在一定风险后，立即警觉地向主管上报。主管第一时间向他解释并提供帮助，还对其重点关注，避免在混合采访区内发生

混乱。这件事情体现了志愿者对于可能存在的危险所应当具有的警觉，避免了混乱情况的发生。作为一名新闻行业的"未来从业者"，这样严谨的工作态度，也让我有了更深刻的认识。

图2　场馆主任同志愿者交流

五、成效评价

在本次志愿服务过程中，记者工作间的志愿者们为大量非英语母语国家的记者提供了一些小语种的支持。我们用法语、西班牙语、俄语同记者交流沟通，短短十几天，与各国记者结下了深厚的友谊。在金牌赛当日，一位瑞士记者特意来到工作间，送给我们一盒巧克力表示对我们工作的认可，"你们每个人都很热情，很努力工作，非常感谢你们"。国际冰联也对我们的工作非常满意，在官方社交媒体上发布了感谢视频，并且在金牌赛当日来到工作间向志愿者们赠予了国际冰联的徽章。

六、实践思考

（一）经验总结

本次冬奥会，作为记者工作间的志愿者，我见证了很多记者如何生产新闻的过程，给我的感触很大。令我印象深刻的有两件事：第一件事是我在媒体验证点工作时，目睹了一位记者"抢新闻"的全过程。他看上去是一个外国人，但是当他开口说话时说出的却是一口流利的中文。通过他的服装以及设备标识，我知道他是CGTN（中国国际电视台）的记者。那一天是中国男子冰球队的训练，他早早来到离运动员训练结束出口最近的拍摄区域抢占了一个好位置。本来那天规定运动员是不接受采访的，但他还是热情地跟他相熟的归化运动员打招呼，并且借着中国春节的由头开始跟归化运动员寒暄，也由此打开了采访的大门。最终，他顺利采到了他想要的画面。

第二件事是一个俄罗斯女记者在文字记者工作间用Vlog（视频日志）形式进行工作。现在媒体融合发展成为时代趋势，很多记者其实已经不再区分是文字、摄影还是视频。但是在本次奥运会工作中，我发现只有这位记者一直用Vlog形式进行新闻的产出。通过和她的交谈，我知道她来自俄罗斯体育媒体Sport24，并且我也观看了她的全部视频。她的年龄同工作间的其他记者相比，确实较为年轻，这也印证了融媒体化是未来发展的趋势。

（二）未来发展

本届冬奥会是新冠肺炎疫情以来举办的第二届奥运会，闭环管理很好地解决了疫情相关问题。对于闭环外人员，减少同运动员、外国媒体接触，避免感染风险。而闭环内人员，在志愿服务结束之后，实行"7+14"或者"14+7"的隔离管理，为疫情期间世界举办大型体育活动提供模板。

本届冬奥会志愿者大部分来自各高校，都接受过一些英语学习，并且在前期培训中也针对语言服务板块进行了一些教学。但是在实际工作中，不同领域面临的工作问题可能会存在不同，尤其是在一些专业术语的理解上可能存在一些差异。所以对于未来志愿服务，希望能够针对不同领域提供一些专业术语及其对应情景的培训。比如，在实际工作中有媒体记者询问"media lounge（媒体休息区）"，其实他要寻找的是"media workroom（媒体工作间）"。

尽管这只是一次志愿服务的过程，但作为一名新传学子，深植于"记者工作间"的我，也对这个职业有了更亲切的感觉和更为深刻的认识。我所得到的收获，绝不亚于在课堂和书本之中得到的。传媒行业是年轻人的舞台，体育事业又是当前"讲好中国故事"的重要抓手，相信我可以通过自己的努力和不断学习，在未来成为一名优秀的体育传媒人。

案例十二　新闻发布会上的北体身影

——国家速滑馆媒体运行志愿者服务案例

服务地点： 国家速滑馆

服务人员： 邢雨露

【摘要】作为北京冬奥会国家速滑馆的一名志愿者，我有幸参与此次冬奥会并担任新闻发布厅助理一职。在赛事期间协助国家速滑馆新闻发布厅顺利举办了14场赛后新闻发布会，并在本职工作之余为其他需要帮助的工作岗位提供必要支持。本案例首先介绍了2022北京冬奥会期间国家速滑馆的场馆概况、赛事举办情况、技术应用情况、志愿者组成情况等，接着以新闻发布厅助理这一岗位为主要介绍对象，详细分析了该岗位的工作时间、工作内容、工作特点，最后结合自身经历总结并梳理了此次志愿活动的收获、经验及思考。

一、背景介绍

（一）举办冬奥会的意义

北京时间2022年2月4日至2月20日，第二十四届冬季奥林匹克运动会在北京圆满落幕。2022北京冬奥会是我国重要历史节点的重大标志性活动，是展现国家形象、促进国家发展、振奋民族精神的重要契机。举办北京冬奥会、冬残奥会来之不易、意义重大，同实现"两个一百年"奋斗目标高度契合。奥运会是最具影响力的体育盛事，有显著的体育功能，也有明显的文化、经济、政治、外交等功能。2022北京冬奥的成功举办对于我们国家来说，最显著的意义就在于它全方位地展现了我们的国家形象。

（二）国家速滑馆概况

国家速滑馆，又称"冰丝带"，坐落于北京奥林匹克森林公园网球中心南侧，2022北京冬奥会期间是速度滑冰（Speed Skating）项目的比赛场馆。"冰丝带"也是2022北京冬奥会标志性场馆、唯一新建的冰上竞赛场馆。

"冰丝带"的设计理念来自一个冰和速度结合的创意，其玻璃幕墙外有22条由高向低盘旋、似环绕飘舞的"冰丝带"，象征着速度滑冰竞技时优美的冰刀轨迹，同时22条"冰丝带"又象征着在2022年举办北京冬奥会。国家速滑馆主馆建筑面积约8万平方米，冬奥会赛时场馆内共有座椅12056个，并且拥有亚洲最大的全冰面设计，冰面面积达1.2万平方米，平时可接待超过2000人同时开展冰球、速度滑冰、花样滑冰、冰壶等冰上运动。

2022北京冬奥会期间，在"冰丝带"共进行了14场速度滑冰比赛，分别是：男子500米、1000米、1500米、5000米、10000米，以及女子500米、1000米、1500米、3000米和5000米决赛；男、女子团体追逐赛；男、女子集体出发赛。比赛期间，在"冰丝带"共产生了14枚金牌和10项新的奥运会纪录。

（三）先进技术应用

1."猎豹"高速摄像机系统

2022北京冬奥会期间，国家速滑馆的一大技术亮点就是"超高速4K轨道摄像机系统"的应用，因为这种高速摄像装置的轨迹就像豹子的轨迹，所以被赋予了特殊的名称——"猎豹"高速摄像机系统。它是中央广播电视总台为了更好地转播速度滑冰比赛历时5年研发出来的一款特种摄像系统。"猎豹"高速摄像机系统由三部分组成，分别是陀螺仪、轨道车和360米长的U型轨道。

在速度滑冰比赛中，运动员的速度可以达到15—18米/秒，因而要想更好地捕捉到运动员的滑行动作就需要能与之比肩甚至更快速度的摄像系统。"猎豹"高速摄像机系统可达到25米/秒的速度，约等于90千米/小时。与此同时，这台摄像系统还具备4K高清捕捉能力。正是借助于"猎豹"高速摄像机系统，观众得以将速滑运动员比赛过程中竭尽全力的姿态与冲线的兴奋一览无余，从而获取了更好的观赛体验。

2.二氧化碳跨临界直冷制冰系统

2015年11月24日，中共中央总书记、国家主席、中央军委主席习近平对办好北京冬奥会作出重要指示："要坚持绿色办奥，提升全社会环保意识，加强环境治理和污染防控，把绿色发展理念贯穿筹办工作始终。"[1] 绿色办奥理念下的冬奥筹办也将发展体育事业和促进生态文明建设有机地结合了起来。

其中，国家速滑馆中采用当今世界最先进的二氧化碳跨临界直冷制冰技术，使得碳排放趋近于零。该制冰技术是当前冬季运动场馆最先进、最环保、最高效的制冰技术之一，与传统制冷系统比，其能效提升20%以上。除此之外，通过国家速滑馆内的智能能源管理系统，还可以将制冰过程中产生的废热用于除湿、冰面维护、场馆生活热水等。这使得在全冰面模式下每年只是制冷部分就可以节省200多万度电，相当于约120万棵树实现的碳减排量，也使得整个制冷系统的碳排放趋近于零。这也是对于我们国家所作出的2030年实现碳达峰、2060年实现碳中和的承诺的具体行动之一。

二、岗位分析

（一）国家速滑馆志愿者概况

2022北京冬奥会赛事期间，共有志愿者598人为国家速滑馆提供志愿服务保障工作，其中闭环内志愿者298人，闭环外志愿者300人。国家速滑馆的志愿者主要由来自北京师范大学、中国社会科学院大学、中国青年政治学院、北京体育大学、首都体育学院、北京语言大学、北京外国语大学、对外经济贸易大学、中华女子学

---

[1] 学而时习.七年来，总书记这样阐述办奥理念［EB/OL］.（2022-01-05）. http://www.qstheory.cn/zhuanqu/2022-01-05/c_1128235760.htm.

院、中国人民公安大学、北京中医药大学等十一所高校的师生志愿者和北京朝阳医院、北京急救中心两所医疗机构的医疗志愿者，以及部分社会招募志愿者组成。

冬奥会期间，所有志愿者分布在餐饮、反兴奋剂、防疫、技术、交通、礼宾、媒体运行、票务、企业赞助服务、庆典仪式、权益保护、人员管理、赛事服务、体育、体育展示、医疗、语言服务、志愿者、注册、转播服务、VCC、VOC共22个不同的业务领域，为国家速滑馆冬奥赛事的顺利进行提供了志愿服务保障。

（二）新闻发布厅助理工作职责

在此次志愿服务工作中，我所在的业务领域是媒体运行领域。媒体运行领域又包括新闻媒体运行和转播媒体运行，其中新闻运行团队具体又分为新闻发布厅、媒体工作间、记者看台席和混合采访区。我所担任的岗位是新闻运行部门中的新闻发布厅助理，新闻发布厅的日常工作主要由包括我在内的8名志愿者和1名主管老师负责，其中8名志愿者中有7名来自北京体育大学，1名来自北京师范大学，主管老师来自中国传媒大学。

新闻发布厅助理的主要职责包括：在比赛结束前半小时确保新闻发布厅正常开放；检查发布厅设施正常摆放，如麦克风、桌椅、同传设备区一切就绪；查验进入发布厅的媒体记者的证件；维持发布厅秩序；引导冠亚季军选手准时抵达新闻发布会；注意现场媒体提问是否涉及敏感话题等。

（三）工作时间介绍

此次冬奥服务的工作时间大致可以分为两个阶段，分别是前期适应阶段和赛时服务阶段。

前期适应阶段主要是从2022年1月25日至2022年2月4日。这一阶段由于速滑馆没有开始正式比赛，只是有运动员日常训练，所以我们志愿者主要的工作任务是熟悉国家速滑馆的内部环境、媒体运行中心的工作环境等，具体的工作时间基本是9：00—17：00。

赛时服务阶段主要是从2022年2月5日至2022年2月19日，这一阶段是国家速滑馆正赛开始的时期，具体的工作时间则是根据当天比赛开始和结束时间而确定的。本届冬奥会速滑比赛的开始时间最早是14：30，最晚是21：00，大部分比赛集中在16：30开始。根据比赛开始时间的不同，志愿者们抵达场馆的时间安排也有所不同。例如，如果比赛是14：30开始，新闻发布厅志愿者需要在13：00前抵达场馆；如果比赛是16：30以后开始，志愿者抵达时间为14：00；如果比赛开始时间为20：00以后，志愿者抵达时间为18：00之前。结束工作离开场馆的时间通常为17：20、19：00，或者是23：00，具体根据比赛结束时间往后顺延3个小时。

新闻运行团队不同岗位工作时间安排也各有不同，对于新闻发布厅的志愿者而言，真正开始工作的时间一般为比赛结束前半小时至新闻发布会完全结束。结束时间一般是不确定的，因为运动员在混合采访区接受采访的时间是不固定的，且运动员还需要合理安排兴奋剂检测时间，所以通常新闻发布厅结束工作的时间直接取决于运动员参加发布会的时间及现场媒体提问数量的多少。

三、主要内容

本次冬奥会，我的职位是新闻运行部门中的新闻发布厅助理，需要在比赛结束前半小时，检查新闻发布厅的设施摆放是否正确、设备运行是否正常，从而确保发布厅正常开放；同时，还要引导冠亚季军选手准时抵达新闻发布会，并在会议期间维持发布厅的秩序，时刻注意现场媒体提问是否涉及敏感话题，一旦发现需要及时制止并向主管领导报告。

通过这段时间的志愿服务，我发现新闻发布厅助理的工作具有以下三个特点：

1. 工作时间的不确定性

工作时间的不确定性是新闻发布厅助理工作的一大特点，主要原因可以分为两大方面，即运动员自身原因和媒体记者原因。

运动员自身原因主要是指，因为运动员自身时间安排而造成新闻发布会开始时间推迟。新闻发布会通常是在比赛结束及颁奖仪式完成后进行，并且在运动员结束颁奖仪式后首先会经过混合采访区进行采访。在混合采访区，转播区域和文字区域的媒体记者都可以对运动员进行采访，这也使得运动员会在混合采访区停留较长时间。此外，运动员本身还需要进行兴奋剂检测，通常运动员会在参加完新闻发布会后进行检测，但是也会出现有些运动员提出想先进行检测后参加新闻发布会的情况，这也就造成新闻发布会开始时间的不确定。

媒体记者原因主要是指，在混合采访区及新闻发布会上，由于采访数量的不同而造成的新闻发布会结束时间的不同。本届冬

图 1　2022 年 1 月 30 日，中央广播电视总台（CMG）记者拍摄国家速滑馆运动员训练

奥会报道速度滑冰项目的媒体记者中，来自日本的记者数量相对较多，因为速度滑冰是日本队的强项之一。这也就造成了每当有日本选手参加比赛，不论是混合采访区还是新闻发布会现场来自日本的媒体记者提问比较多的情况，新闻发布会结束的时间也相对较晚。

2.工作内容的多样性

一场新闻发布会的顺利举行需要多项不同工作之间的相互协调和配合，其中包括场地设施检查、媒体记者身份查验、冠亚季军名牌准备、运动员引导入场、现场提问控制、敏感话题监督等。每一项工作都需要安排专门的志愿者来完成，并且志愿者之间需要随时进行沟通，如引导运动入场的志愿者需要及时汇报运动员在混合采访区的进度，以便新闻发布厅内的工作人员可以及时安排发布会进程等。

3.接触人员的复杂性

新闻发布会涉及的人员较多且复杂，通常包括获奖运动员、教练和领队、各国新闻官、OBS新闻官、混合采访区媒体、新闻发布厅记者、兴奋剂检测工作人员等。新闻发布厅负责引导获奖运动员参加新闻发布会的志愿者需要在运动员结束颁奖仪式后的第一时间密切关注运动员的动向。通常在运动员进入混合采访区的OBS转播采访区域时就需要一直跟随运动员，但是由于OBS有特殊规定，此区域不能进入无关人员，所以这时需要目光紧跟运动员。在运动员进入文字采访区域时则可以首先跟运动员的领队或者新闻官进行初步沟通，告知新闻发布会即将开始，如果发现运动员没有跟随的人员则需要直接跟运动员本人进行沟通。与此同时，志愿者还需要及时和混合采访区的主管或者记者进行必要的沟通，以确保运动员及时参加新闻发布会。

四、典型活动

2022年2月15日，在国家速滑馆内，速度滑冰团体追逐项目新闻发布会如期进行。当天的比赛分为男子和女子团体追逐项目金牌赛。男子组的冠亚季军分别是挪威队、俄罗斯奥委会队和美国队；女子组的冠亚季军分别是加拿大队、日本队和荷兰队。因为在同一天进行了两场金牌赛，所以也就意味着需要在比赛结束后连续举办两场新闻发布会，这也给志愿者们在新闻发布厅的工作带来了一定的挑战。

（一）场地设置

2022北京冬奥会期间在国家速滑馆新闻发布厅一共召开了14场新闻发布会，其中12场均为冠亚季军各一名选手参加新闻发布会，只有2月15日进行的两场团体追逐比赛的赛后新闻发布会面临需要整个团队3—4人同时参会的情况。因此，对于新闻发布厅工作团队来说，他们首先面临的是场地布置问题。通常发布会发言席设有4个位置，同时为了疫情防控需要，在桌面设置了挡板。

团体追逐比赛的特点是每个队伍有3名运动员在场上比赛，同时团队还有1名替补运动员。这也就意味着每个获奖团队可能同时有4名运动员出席新闻发布会，但新闻发布厅发言席位置有限，所以我们需要重新设计位置。在整个团队讨论并模拟摆放多次后，最终我们决定将位置设置为前后两排，前排依旧是4个位置，分别是新闻发布会主持人、冠军、亚军和季军；后排另外加设9张座椅。在面对记者提问时，需要回答问题的运动员可以交换位置至前排，这样就解决了场地困难的问题。

（二）时间协调

2月15日进行了两场团体追逐比赛。首先进行的是女子半决赛，接着是男子半决赛，而后分别是女子B组和A组的决赛，最后进行的是男子B组和A组的决赛。虽然男子和女子组决赛是先后进行的，但是颁花仪式是统一在所有比赛结束后才进行的，并且是按照先女子后男子的顺序进行。

按照新闻发布厅的计划，首先进行女子团体追逐新闻发布会，而后进行男子团体追逐新闻发布会。由于赛程和流程安排，当天男女运动员在颁花仪式结束后进入混合采访区的时间间隔很短暂，也就出现了后进入的男运动员比女运动员先完成采访，但是却暂时不能立即开新闻发布会，而需要回更衣室等待的情况。同时，还出现了运动员因为需要尽快赶回奥运村而先行离开，临时需要安排领队或者教练来参加发布会的情况。

在面临多重时间问题时，志愿者最需要做的工作就是及时沟通。负责不同队伍的志愿者需要及时在微信群里汇报各个运动队在混合采访区接受采访的进度，并且需要与各支队伍的领队、教练或者新闻官交流，明确运动员在混合采访区接受采访的时间，必要时需要提醒运动员，告知他们新闻发布会即将开始，需要加快进度。

总之，一场新闻发布会的顺利举行涉及多个部门领域之间的协调和不同类型人员之间的沟通，需要做好随机应变，及时交流并汇报进度。

五、成效评价

新闻发布会是运动员在赛后与外界交流的主要方式之一，同时也是外界了解运动员的主要途径之一。运动员通过新闻发布会发表自己的观点和看法，媒体记者通过新闻发布会挖掘新闻报道的新方向，观众通过观看新闻发布会了解即时的冬奥信息、运动员获奖信息等。与此同时，赛后新闻发布会也是冬奥会官方对外传播的重要窗口之一。新闻发布厅助理工作的最终目的就是服务好参加发布会的运动员和媒体记者，确保新闻发布会顺利并成功举办。

从服务运动员的角度分析，北京冬奥会期间，国家速滑馆新闻发布厅共举行了14场新闻发布会，来自13个不同国家的约45名运动员先后出席赛后新闻发布会。新闻发布厅助理准确指引、及时沟通、多方协调，确保了每一位获奖运动员在赛后准时出席并顺利接受了新闻发布会上的采访。

从协助媒体记者的角度分析，媒体记者是冬奥会对外宣传工作的主力军。北京冬奥会期间媒体记者众多，他们来自不同国家且语言有别，新闻发布厅助理面临着多重挑战，例如需要限制进入新闻发布厅的记者数量、核实记者证件、引导记者在指定位置提问、协助解决同传问题等。14场新闻发布会的顺利举行、媒体记者的顺利提问是新闻发布厅助理工作效果的最大体现。

六、实践思考

（一）经验总结

1. 自我评价

12年前，温哥华冬奥会，我在电视机前，看王濛霸气卫冕，看周洋以一敌七，看申雪、赵宏博打破垄断，看庞清、佟健追梦无悔；12年后，北京冬奥会，我在国家速滑馆，见证了10项奥运会纪录的诞生，见证了高亭宇的历史性夺冠，见证了"冰丝带"到"金丝带"的华丽转变，见证了八届冬奥会老将的谢幕之战。12年，从电视机前走进比赛现场，从一名观众成为一名志愿者，这样一段冬奥志愿者的经历让我在多个方面有所提升。

首先，语言能力的提升。冬奥会是一项大型运动盛会，本届冬奥会共有来自90多个国家和地区的运动员参与其中。在国家速滑馆就有来自中国、俄罗斯、美国、德国、日本、比利时、韩国、意大利、挪威、瑞典等多个不同国家的运动员参赛。虽然大家的母语各有不同，但是英语作为国际通用语言之一是在日常交流中使用最多的语言。在此次服务冬奥的过程中，在与不同国家运动员、领队、教练和记者的交流过程中，我的英语口语水平也得到了很大提升。

其次，沟通交流能力的提升。新闻发布厅的工作涉及多个部门之间的合作，同时又涉及和运动员、教练员、领队、新闻官、媒体记者等多种不同工作的人沟通交流。在这样的过程中，自己与人沟通、交流的能力也得到了很大提升。

最后，随机应变能力的提升。新闻发布厅工作的时间具有不确定性，接触的运动员和领队及教练员有着不同的性格特点。这些不同因素也促使我在沟通交流的过程中更注重及时应变，在语言表达和交流情绪的把握上更注重及时调整。

2.经验分享

首先，加强语言学习。大型体育赛事活动，尤其是奥运会级别的赛事，参与其中的运动员、媒体记者、赛事组织方等来自世界各地，语言各不相同。因此，掌握不同国家的语言并可以和更多的人顺利交流就显得非常重要。语言能力的学习和提升是一个长期积累的过程，因而需要在平时多学习积累。

其次，熟悉整体工作环境。作为一名赛会志愿者，在正式开始工作以后首先要做的就是熟悉工作环境，不仅要熟悉自己具体岗位的工作环境，还需要对整个工作区域或者整个工作场馆都有了解。在我实际服务冬奥的过程中，虽然更多的时候是服务于新闻媒体运行部门的记者和媒体，但是也会经常遇到一些转播区域的媒体记者或者其他岗位的工作人员询问非我服务范围内的问题。这也就意味着，我们不能仅仅局限于熟悉自己服务范围内的环境，更需要熟悉整个大环境，才能在关键时刻为他人提供及时的帮助。

（二）未来发展

回首过往，中国从过去因各种因素无法参加奥运会，到现如今我们的首都北京也成为首个"双奥之城"，这些巨大的变化无一不在更新着我们国家的形象，展现着我们国运国力的变化。在这样的对比之中，我想每一个中国人都能深深地体会到我们国家正在日渐"强起来"，这也一定会在很大程度上增强我们的民族自信，振奋我们的民族精神。此次冬奥会的筹办和举办更是从多个方面展现了我们国家的新形象。

首先是我们国家综合实力的体现。举办奥运会是对于一个国家的综合实力的整体考验，作为世界范围最大的综合性运动赛事，不论是夏奥会还是冬奥会都需要举办国具备强大的综合实力来支撑其圆满完成整个赛事，而北京作为唯一一个"双奥之城"，这无疑是对我们国家综合实力最有利的体现。

其次冬奥会极大程度地展现了我们国家的抗疫成就。在新冠肺炎疫情席卷全球的背景下，世界各国都笼罩在疫情阴霾之下，我们中国实施"动态清零"防控策略，努力做好疫情防控常态化工作，在全国人们的努力之下，如期举办了2022北京冬奥会，做到了工作没间断、力度没减弱、标准没降低，得到了来自国际社会、各国代表、运动员等的一致认可。我想这也是对于我们国家抗疫成就最好的体现。

2022北京冬奥会很好地展现了我们中国的大国担当。面对着突如其来的新冠肺炎疫情，世界范围内多项体育赛事都出现了停摆的现象，就连东京奥运会也延期至2021年才顺利举办。但是，在全中国人民的共同努力之下，我们克服了种种困难，如期为全世界奉上了一届"简约、安全、精彩"的冬奥盛会，这是中国给全世界冰雪运动员和冰雪运动爱好者的一份礼物，更是作为一个负责任大国勇于担当的体现。

案例十三 冬奥村的北体人，给客人一个温暖的家

——北京冬奥村媒体运行中心志愿者服务案例

服务地点：北京冬奥村

服务人员：张佳昕、殷宇星、薛笑天、黄舒晴、张洺瑞

【摘要】本案例选取5名来自北京体育大学新闻与传播学院的志愿者在冬奥期间服务于北京冬奥村媒体中心新闻运行处的实践经历，对志愿者们的工作内容、工作时间、工作效果、工作经验进行回顾总结，并对其在工作中遇到的问题进行延伸思考。尽管北京冬奥会已经圆满结束，但奥林匹克精神给予北体人的鼓舞和力量仍在继续，北体人也将与北京这座"双奥之城"一起，以更加自信、开放、包容的态度走向明天。

一、背景介绍

2022北京冬奥会和冬残奥会，设立场馆媒体中心的非竞赛场馆

包括：开闭幕式场馆（国家体育场），北京冬奥村（冬残奥村）、延庆冬奥村（冬残奥村）、张家口冬奥村（冬残奥村），北京颁奖广场、张家口颁奖广场、延庆冬残奥颁奖广场。其中奥运村是最敏感的奥运场馆。

作为媒体运行中心的志愿者，我们的工作岗位是新闻运行助理，工作地点为北京冬奥村媒体中心。北京冬奥村媒体中心位于北京冬奥村运行区最南侧，主要设有媒体接待台、记者工作间、媒体见面室和混合采访区等功能区，为记者提供工作空间、设备支持及回答问询、协调新闻发布会、预约运动员采访等服务。

整个媒体中心新闻运行团队包括14名Ⅴ类志愿者和3名Ｐ类工作人员。14名志愿者全部来自北京体育大学（8名来自北京体育大学新闻与传播学院），主要的工作岗位有媒体接待台接待人员3名，记者工作间服务人员3名，混合采访区工作人员3名，新闻发布厅工作人员3名，电话问询预约服务人员2名。

二、岗位分析

场馆新闻运行的任务是为注册文字记者（E）、注册摄影记者（EP）及非持权转播商（ENR）提供所需的设施和服务，确保他们充分报道冬奥会和冬残奥会的各项赛事。场馆新闻运行将协调所有相关职能部门和业务领域，向记者提供最好的服务。奥运村的场馆媒体中心与奥运村的开放运行时间一致，每天9：00—21：00开放，开闭幕式当天关闭。

5名志愿者的工作岗位均为新闻运行助理，工作内容主要围绕新闻运行展开，工作点位不同，具体的工作内容不同；由于防疫要求，志愿者还会涉及防护、消杀等工作。

张佳昕——媒体接待台

殷宇星——新闻发布厅

薛笑天——记者工作间

黄舒晴——媒体接待台

张洺瑞——混合采访区

（一）媒体接待台：工作人员3名（轮班）

1. 工作前

为做好疫情防控工作，媒体接待台的志愿者在上岗前需确保防护服、面屏、防护手套等穿戴到位，做好接待台防护屏的基本消杀工作，准备好媒体卡、登记表格，以及做好接待台绿植盆栽的维护。

2. 工作时

2022北京冬奥会期间，冬奥村每日发放 200 张媒体卡给注册文字和摄影记者（100张）及非持权转播商（100张）。北京冬奥会3个冬奥村，每村每日可发放媒体卡各100张。

媒体访客卡（北京冬奥会改为媒体卡）：注册记者在进入奥运村时，需在访客卡中心用奥运注册卡换取媒体卡后，才可以进入奥运村；参观结束后，需返回访客卡中心用媒体卡换回自己的奥运注册卡。媒体接待处的志愿者负责E类媒体卡（含注册文字记者、注册摄影记者与非持权转播商）的发放与整理，登记好记者的姓名、机构名、所属类别、进出时间等，等待记者离开后进行媒体卡的回收整理，并用酒精棉片消毒。

3.工作后

登记整理一天进出冬奥村的记者人数，进行媒体卡数量核对、媒体卡消毒、文件夹消毒与接待台的消杀工作。

图1　媒体接待台志愿者工作场景

（二）记者工作间：工作人员3名

1.工作前

志愿者要做好疫情防疫工作，在个人防护方面，按要求佩戴一次性橡胶手套、N95口罩、面屏、防护服等，同时也要做好记者工作间的消杀准备。

2.工作时

志愿者的工作包括两个部分，基础的准备工作和信息问询服务。基础的准备工作内容比较固定。首先，要更新信息公告板内容（班车信息、天气温度、WiFi使用方法、INFO系统登录方法、混合采访区预约规定等重要信息）。其次，要调试记者工作间的各种设备，确保其运行正常（打印机设备调试，补充纸张；CATV 电视调试，确保信号频道正常）。最后，补充媒体休息区的食品、饮用水等。

信息问询服务则要根据记者的提问作出相应的应答和引导。比如，班车信息、失物招领登记服务、储物柜使用登记、WiFi 登录方法、混合采访区预约、维护工作间的秩序等。

3.工作后

工作结束后，志愿者需要填写当天的工作日志，整理记者的问询信息并进行汇总，整理储物柜钥匙确保没有丢失，工作间卫生维护（自己整理并联系保洁阿姨进行适当清理）及消杀，最后关闭电视、灯光。

图 2　记者工作间志愿者薛笑天书写白板

（三）混合采访区：工作人员 3 名（轮班）

安全问题是最重要的，每天早上开始营业之前消杀工作不可或缺。由于我们有涉外接触需求，所以面屏、防护服、N95 口罩等都是不可或缺的防护装备，开始营业前同样也需要整理消杀接待台。

志愿者每天开始工作时需要确认今日的预约信息，开启通道出口的大门，打开空调暖风确保温度正常，部分志愿者还需要掌握新闻发布厅的预约情况，对前来参与新闻发布会的各国代表团成员做好引导工作。一些志愿者也分担了访客入口的部分工作。由于媒体人员没有进入冬奥村的权限，志愿者需要时刻注意紧邻混合采访区的访客入口，做好引导工作，防止媒体人员误入。对于 E 类记者的权限管理也是志愿者的一个重要任务，需要对他们的录像行为进行提醒与制止。围栏是分隔人员动线的重要工具，志愿者需要时时刻刻对围栏进行维护，及时归位和修理。服务意识也是工作中重要的一环，志愿者需要经常帮记者开门、推门，尽显服务热情。由于人员流动大，防疫消杀不容忽视，志愿者对用过的扶手和个人设备也会做到一用一消杀。

图 3　志愿者张洺瑞在访客入口执行接待工作

（四）新闻发布厅：工作人员3名（轮班）

1. 发布会前

志愿者需要至少提前1小时进行信息核对，确认发布会时间、国家、参会人员、竞赛日程，以及是否有同传要求，根据参会名单打印桌签并放置于合理位置；检查主席台和媒体席位各设施的摆放，调试视频技术设备、照明设备和同传设备，与技术领域、语言领域、安保领域、NOC新闻官和媒体进行信息核对。

2. 发布会时

志愿者需要引导媒体和运动员入场，确认各项人员就位，与同传联系开启直播；时刻关注运动员和媒体发言是否涉及敏感内容，会议持续时间是否合理。

3. 发布会后

志愿者需要关闭相关设施，进行消杀工作，将座位摆放整齐并反锁门窗；回办公室后填写当日的场馆运行日志，复盘总结工作内容。

图4　新闻发布厅志愿者殷宇星发布会后进行整理工作

（五）电话问询预约服务：2名工作人员（轮班）

该点位的志愿者需要随时接听电话、回邮件、回答来访记者问询，以及负责混合采访区预约及相关信息登记、新闻发布会预约和相关信息登记，并组织其他各岗位的志愿者填写当天的场馆运行日志，汇总交给老师。

（六）工作时间介绍

预开村：9∶00—21∶00 全员上岗。

开村后：上两天（9∶00—21∶00）休一天。

赛时末：上两天（9∶00—19∶00、9∶00—21∶00）休一天。

每天视具体的岗位和工作情况与同岗位的其他志愿者自行协调轮班。

三、主要内容

作为新闻运行助理，尽管工作点位不同，但是核心宗旨都是"为记者提供相关的服务，帮助记者解决遇到的问题和困难"。

从笔者的工作点位来看，记者进入媒体中心，首先要到媒体接待台，用奥运注册卡换取媒体卡后进入媒体中心。进入媒体中心后，首先经过记者工作间，记者可以在这里的工位上休息或者工作，记者工作间的志愿者要随时做好食品补充、问询答复、路线引导等工作。

如果记者事先预约了运动员采访或者新闻发布会，记者会根据预约时间前往混合采访区和新闻发布厅。在混合采访区，摄影记者（EP）可以拍照，持权转播商（RT）一般由OBS的工作人员负责接待。混合采访区的志愿者要注意辨别人员类别，并且守好出口（因为记者无权进村）。新闻发布厅志愿者会在记者预约时间之前做好设备调试、翻译预约、名牌打印等工作，在记者离开后进行消杀。

新闻发布会召开时，志愿者也会全程参会，时刻关注运动员和媒体发言是否涉及敏感内容。

最后，完成工作任务后，记者可以在记者工作间休息，在信息公告板上查看班车信息，回到接待台，向志愿者归还媒体卡，然后乘坐班车离开。

四、典型活动

北京冬奥村（冬残奥村）运行团队每日通讯被我们亲切地称为"村刊"，1月29日的这一期，即第71期，报道了媒体中心一场特别的媒体见面会，在文章的末尾，也对我们志愿者的工作给予了极大的肯定。"冬奥精神不应该仅仅体现在每一个运动员身上，更应该传递给每一个冬奥人，媒体中心全体工作人员与志愿者将会带着这份感动，将冬奥精神融入每一次服务、每一个岗位，挑战自我、迎难而上，在媒体服务中延续和传递冬奥精神！"

2月19日，北京冬奥村运行团队发表了一篇名为《一场媒体发布会的背后：聚光灯后那份永不熄灭的光》的文章，该文后来全篇登载在人民网上。文章讲述了聚光灯后我们志愿者的故事，虽然我们做的都是细碎的工作，也许只是鸿篇巨制中不起眼的一两点笔墨，但我们每个人就像一颗颗螺丝钉，虽小却必不可少。文末如此写道："无论台前与幕后、赛场与场外，无论是工作人员还是志愿者，疫情之下，为了圆一个冬奥梦，他们每个人都在闭环里默默奉献。聚光灯后，他们用奉献、热爱、努力，绽放出最美的光。"

盛世之中，遇上冬奥，是毕生荣耀，我们尽己所能，全力以赴，共襄盛举，共享盛会！

五、成效评价

自1月23日进入闭环管理以来，每天9：00至21：00的工作加上1个小时的通勤虽说忙碌辛苦，但志愿者们仍以饱满的状态投入工作，在最忙的时候能够主动放弃难得的轮休机会，全员上岗，最终顺利完成志愿者服务保障任务，用奉献、热爱、专业赢得了媒体运行经理、各国新闻官、记者和运动员的称赞和表扬。

（一）北京冬奥村村长点赞

2月19日上午，北京冬奥会运行指挥部奥运村运行保障组副组长、北京冬奥村（冬残奥村）村长、北京市人大常委会原副主任刘伟，冬奥村运行保障组执行副组长朴学茹，北京冬奥村（冬残奥村）运行团队文化活动和媒体副主任张帆与北京体育大学北京冬奥村媒体运行中心的志愿者代表视频连线，了解志愿者们的工作内容并送上关心和祝福。

刘伟认真听取了带队教师和志愿者代表的发言，对大家的工作给予了充分肯定。他表示，志愿者的工作成效超出了预期，做得很好。作为大学生能够参与到冬奥志愿服务工作当中是人生一件大事、一件喜事、一件幸事，要珍惜来之不易的机会，在志愿服务中践行"更快、更高、更强、更团结"的奥林匹克精神，挑战自我，向外国友人展现出新时代中国青年的精神面貌。刘伟也叮嘱志愿者们要始终将疫情防控放在第一位。由于工作的特殊性，要做到人人都是消杀员，丝毫不能松懈；要学会调节压力，注意休息，保持良好的心态，以饱满的热情和积极向上的态度投入工作，面对即将到来的冬残奥会的志愿服务工作，要善始善终站好最后一班岗。

图5　北京冬奥村村长刘伟和志愿者代表视频连线截图

（二）挪威新闻官感谢信

挪威代表团是媒体中心新闻发布厅的"常客"。从新闻发布厅开放预约通道到冬奥赛事落幕期间，挪威新闻官共预约了10场不同参赛项目的新闻发布会，是新闻发布厅预约频次最高的外国媒体。在与工作人员和志愿者的相处过程中，他表示自己在北京冬奥村收获了良好的居住和工作体验，并对志愿者的工作态度和精神风貌表示了肯定。

2月11日，一场关于滑雪大跳台项目的新闻发布会结束后，挪威新闻官向媒体中心的志愿者们写下感谢信。

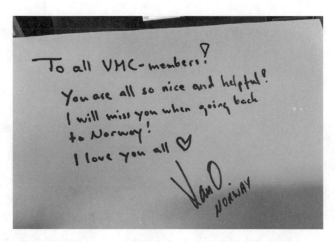

图 6　挪威新闻官给媒体中心志愿者们的手写感谢信

（三）媒体运行经理的肯定

王瑞霞老师是媒体运行经理，也是我们的主管老师，她像是媒体运行团队的家长，帮助我们熟悉工作、指出我们的不足、见证我们的成长和进步。

最繁忙的那天，上午的几场发布会结束后，便在群里看到了王老师的消息："上午新闻发布会首战告捷，无论是代表团还是媒体评价都不错，新闻官和记者都说棒！感谢志愿者们，希望大家继续保持，再接再厉！"她的肯定给了我们极大的鼓励。

在冬奥志愿服务接近尾声时，她也对我们近一个月的工作给予了极大肯定："这阵子辛苦大家了！你们每个人都很棒，在你们身上我看到了自己年轻时的样子，有朝气、有活力，个个深藏绝技，给你们加油，未来可期！"

亲切的话语，是对我们的认可，也是对我们工作效果的赞赏与肯定。我们一路同行，共同将"一起向未来"的口号写在北京冬奥村媒体中心。

图 7　王瑞霞老师指导借证区志愿者工作

（四）维护秩序与正常运转

我们这个岗位的日常工作内容是保障北京冬奥村媒体中心顺利运行，服务来自全球各地的媒体工作人员、运动员及代表团成员，协助他们完成采访、新闻素材创作以及举办新闻发布会。由我负责的混合采访区是整个媒体中心比较重要的一个区域，是媒体进行采访的主要地点。

作为混合采访区的主管，我的主要工作是接待造访混合采访区的媒体和代表团新闻官，带他们了解混合采访区情况，讲解混合采访区的使用与预约流程，引导他们熟悉各自的动线，根据混合采访区每日预约情况核实前来进行采访的媒体身份，维护混合采访区的使用秩序与正常运转。由于混合采访区毗邻运动员入口和大小两个新闻发布厅，所以我还需要掌握新闻发布厅的预约情况，对前来参与新闻发布会的各国代表团成员做好引导工作。我也分担了访客入口的部分工作。由于媒体人员没有进入冬奥村的权限，我需要时刻注意紧邻混合采访区的访客入口，做好引导工作，防止媒体人员误入。

六、实践思考

（一）经验总结

1. 从媒体记者中汲取前行力量

在冬奥村工作的这段时间，我们见到了许多记者真实的工作状态。和想象中风光无限的形象不同，大多数记者的工作强度和工作态度都远超认知：日本记者坚守混合采访区，在寒风中等待羽生结弦，从下午1点一直等到晚上9点将近闭馆；人民日报社的记者总是最先来、最晚走，时常能在记者工作间见到她写稿的身影；OBS的转播记者每次都是每人提着满满一箱设备：摄像机、三脚架、补光灯……艰难地穿行于媒体中心。尽管工作如此辛苦，他们依旧洋溢着幸福与阳光的笑容，和志愿者大声致谢，他们的工作态度让人感动，也成为我们学习的榜样。

让我印象深刻的是冬奥村的一位日本女记者。大多数体育记者，尤其是摄影记者都是男性，女性常被认为更适合做文字工作。那位女记者不高也不壮，甚至看上去瘦瘦小小的，肩膀上扛着的长镜头看起来比人还重，但她从头到尾没有流露出任何吃力的表情，顺利完成了所有工作。体育领域一直是性别歧视的"重灾区"，但

图8　连续8小时坚守混合采访区的日本记者

相信随着越来越多的女性走入体育的各个领域，体育氛围将会更加平等、包容、友好。

2. 在意义传递中打破语言壁垒

回想起那些工作的日子，我遇见的人似乎都是温暖友好的。在各国人会集的大环境中，除了使用通用的英语交流之外，表情、肢体语言也发挥着巨大的信息传递作用。

新闻发布厅的工作人员和志愿者为挪威和瑞典的新闻官做过两段简短的采访，他们在谈话中都提到了"肢体语言"的重要性。挪威新闻官说手势动作能够解决大部分语言问题，瑞典新闻官表示在口语沟通出现障碍时，肢体语言助推信息传递。在新闻发布厅的日常工作中，我看见负责直播的技术人员与外国摄影记者全程"动作沟通"，也看见音频技术人员和外国新闻官通过翻译软件进行"文本交流"，多种多样的互动形式不断扩充着沟通的内涵。在交流不顺畅时，许多熟练掌握英语的外国媒体人员和运动员都会耐心地放慢语速，再次向志愿者表达自己的问题和需求，无数个外国人会用不标准的中文说"谢谢"，以一种中国本土化的语言方式结束整段交流。

图 9　挪威新闻官接受志愿者采访

在一段段交流之中，无论是言语、动作还是文字都变成了传达意义的共同载体，让我感受到人与人之间的信息传递具有缤纷的表现形式。真诚、耐心和相互尊重也让表达的边界更加宽阔，即使戴着口罩，大家善意的笑容还是会从眼睛里跑出来，让我觉得一切工作都是值得的。

3. 从团队伙伴中获得温暖与感动

在北京冬奥村服务的北京体育大学志愿者只有14人，虽然人少，但我们始终团结在一起，以协同合作的团队精神和无私奉献的志愿精神在媒体运行的岗位上贡献自己的青春力量。从团队伙伴身上获得的温暖与感动不仅是前行的力量，更将成为记忆的珍藏。

在人少但每个点位都必须保证有人的情况下，换班、带饭、彼此帮忙就显得至关重要。常是一人留岗一人吃饭，吃完打一份回来迅速回岗换另一个人吃，遇到忙时还有两三个人打八个人的饭的情况。没有过多的言语，大家默契地配合着，给彼此支撑的力量。

印象很深的是除夕那天，虽然大家都没能回家与亲人团聚，略有遗憾，但冬奥村里的新春仪式一点儿没少。大家一起贴窗花、拍

图10　除夕当天上班的志愿者们

合照，接待台和记者工作间都挂上了写着"新春快乐"的剪纸，这样的幸福点滴给了我们很多慰藉。以旗阵广场飘扬的万国旗为背景，我们用志愿者"蓝"和沐浴着冬日暖阳的欢笑迎来了崭新的2022年。相机定格的时光里，我们簇拥在一起，像一团火炬，传递一份坚定的力量。

4.迅速辨别记者身份

在工作中我也时时刻刻对工作流程进行着反思与改进。如何辨别记者身份、确认预约信息是混合采访区的头等大事。经过几天的工作实践，我决定每日选用不同颜色的贴纸，在贴纸上写上记者的名字和权限，贴在来访混合采访区人员的胳膊上，美观的同时更方便我们一目了然地知道来访人员身份，大大减少了工作量。像这样的细节优化在工作中还有很多，对工作流程和细节的不断反思和总结极大地提升了我的工作效率，优化了工作流程与来访人员的服务体验。

（二）未来发展

1.众志成城，人心齐泰山移

2022年，北京冬奥会举世瞩目。在这幅展现在世人面前的壮美冰雪画卷中，少不了来自各行各业的志愿者们的配合和努力。这群平均年龄不到22岁、70%是"00"后的志愿者，每天要服务数千人，他们或在前线以专业能力服务冬奥竞赛，或在幕后以青春力量投身于志愿服务。2022年2月21日，国际奥委会主席托马斯·巴赫向全体冬奥志愿者致谢，并颁发奥林匹克荣誉勋章，肯定了所有业务领域志愿者的努力和奋斗。

图 11　奥林匹克荣誉勋章

2.贯彻可持续理念，落实简约办赛

北京冬奥村的媒体中心和访客接待中心皆处在一排红砖建筑中，这片区域是由原先的老厂房翻新改造而成的，是2008年北京奥运会的基础设施之一。为实现我们办一届"简约、安全、精彩"的冬奥会的承诺，北京冬奥村坚持资源节约、环境友好，让可持续发展理念体现在冬奥村建设、运行的全过程中，尽可能减少浪费。未来，北京冬奥村居住区也将成为人才公寓。通过对场地赛前赛后的规划，实现场地价值最大化，将简约办赛落到实处。

3.留存文化体验区，展"双奥之城"古都风情、科技魅力

在北京冬奥村广场区，有包括北京小屋、中医药体验馆在内的多处既体现"双奥之城"古都风情，又融合科技魅力的文化体验场所。北京小屋内，观众通过人工智能、虚拟现实等一系列交互设备，可沉浸式体验国家跳台滑雪中心"雪如意"的恢宏气势、国家

雪车雪橇中心"雪游龙"的速度与激情。"10秒"中医药体验馆同样借助8K、5G等科技手段，全方位展示中医文化的传承与创新。用科技讲述中国故事，这样的文化体验区值得留存。

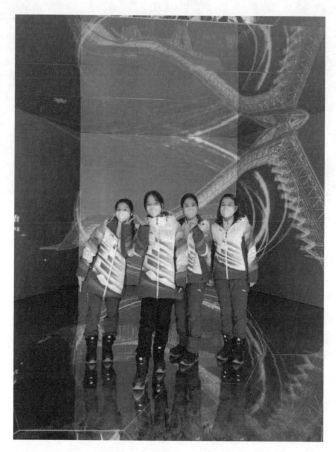

图12　志愿者在广场区体验虚拟现实交互设备（左二为张佳昕，左三为薛笑天）

案例十四　将赛事带进万户的枢纽

——张家口赛区古杨树场馆群转播综合区服务案例分析

服务地点：古杨树场馆群山地转播中心

服务人员：徐若寒

【摘要】本案例是根据笔者于2022北京冬奥会张家口赛区国家跳台滑雪中心、国家越野滑雪中心、国家冬季两项中心的转播综合区工作的经历撰写而成。笔者担任的是张家口赛区古杨树场馆群山地转播中心转播协调主管，负责古杨树三个场馆转播综合区的搭建以及赛事转播综合区的维护等工作。因此，本文将从笔者自身工作的实践经验入手来分析国家跳台滑雪中心转播综合区服务工作。

一、背景介绍

在奥运会赛事当中，转播综合区决定了电视转播能否顺利进行。转播综合区是用于停放电视转播车的区域，电视转播人员和转播的相关工作人员会在此进行休息，因此转播综合区也会设置餐厅和休息区。由于数字媒体和新媒体的发展，冬奥会这样的大型体育赛事转播综合区还会设置流媒体、移动端、应用程序和其他新媒体所需的设备和人员工作区。这些新媒体制作团队与传统转播团队共同组成完整的制作团队，这意味着多个制作团队在同一个大院内工作。也有一些转播公司并不带他们的新媒体员工到比赛现场进行制作，而是选择让新媒体制作团队在总部完成节目制作。冬奥会转播综合区内除了有制作公共信号的主转播商制作团队，还有持权转播商预定的单边空间和设施。转播综合区内最重要的区域是转播车停放的大棚。在正式开赛之前，所有准备工作都是围绕转播车能够顺利进入转播大棚进行的。因此，转播综合区的建立和维护在整个赛事中也是极其重要的。

二、岗位分析

张家口赛区山地转播中心转播协调岗位主要负责古杨树场馆群（国家跳台滑雪中心、国家越野滑雪中心、国家冬季两项中心）的转播协调工作，主要与OBS进行协调沟通工作，满足并帮助OBS解决转播综合区的需求和问题。

张家口赛区山地转播中心实行24小时轮岗制，所以作为赛时实习生乘坐每日的班车时间都有所不同，从1月4日进入赛事阶段后，一般是在8：30到达场馆，18：00乘坐班车回去。另外因为有24小时轮岗制，在周一、周三、周五这三天会进行适当的加班，21：00结束工作回到酒店，时间相对比较灵活。

三、主要内容

（一）媒体运行和转播服务工作

一是完成摄像机点位选址，二是梳理转播服务工作计划，三是协调开展转播技术保障建设，四是协助OBS完成场馆踏勘，五是启动VIS（视觉识别系统）工作。

图 1　国家跳台滑雪中心转播综合区布线

（二）新闻宣传工作

一是做好张家口市内舆论氛围营造，聚焦张家口赛区测试活动、冬奥项目完工、赛会保障、冰雪运动和冰雪产业等重点工作，在中央和省级媒体推出多篇重头新闻报道；二是完成中央外宣媒体张家口赛区新闻采访活动。

图2　国家冬季两项中心的评论员室

（三）外事工作

一是配合完成张家口外事工作计划；二是配合完成三批124个国家和国际组织199位驻华使节在张家口核心区的考察工作。

（四）古杨树场馆群整体转播协调工作

一是完成飞猫选址工作。积极协助OBS直接与云顶场馆团队、古杨树场馆群团队、各方业主及相关施工单位就飞猫选址、绘图、现场施工手续办理等事宜进行沟通协调，完成前期选址等准备工作。二是协助OBS完成第三风景摄像机位选址及后续考察工作。三是协调推进其他临设交付。及时与张家口市冬奥办项目处沟通，并向场馆主任层汇报，将存在的问题和风险梳理细化，提出解决问题的方案建议，协调国家跳台滑雪中心、国家越野滑雪中心、国家冬季两项中心三个场馆的VNI（场馆和基础设施）、业主，各团队要按照规范要求和时间节点完成任务。四是协助开展测试赛转播前期准备工作。

图 3　国家越野滑雪中心造雪场景

（五）古杨树场馆群转播综合区保障工作

完成转播综合区、混合采访区、控制塔空间和机位装修施工；先后完成线缆路由综合图纸 V1、V2、V3 版；协调做好强弱电等分布、整合，做好 OBS 转播用电及办公用电保障；完成 BRS（转播）业务领域标识需求增设；明确 OBS 物流搬用工具数量及使用期限；

完成临时转播照明方案；协调OBS专项组确认交通需求；完成转播
应急预案并完善赛时转播运行计划。

四、典型活动

（一）国家跳台滑雪中心、国家冬季两项中心、国家越野滑雪中心转播综合区的修建与保障

转播综合区的位置选择既要考虑现场电视转播工作开展的便利
性，也要考虑是否会影响镜头的画面，除此之外还要提前预判综合
区的位置对于制作成本的影响。因此，以国家跳台滑雪中心转播区
为例，确定转播综合区的合理位置应考虑以下17个方面：

1. 交通和停车

要考虑转播综合区的位置是否便于转播制作车辆、卫星上行车
辆和工作车辆进出；停车空间和转播车转弯半径是否满足要求。大
型冬奥赛事还要考虑是否便于主转播商制作团队专属班车DDS的停
靠。国家跳台滑雪中心紧邻山地转播中心，车辆进入转播区的道路
宽度较窄，因此在后期测试中加大了转播综合区的门，并将道路进
行修整。

2. 综合区空间需求

在转播综合区内，要保证转播车、制作团队、医疗团队、电
力团队等工作的顺利进行，因此对转播综合区空间有着比较高的要
求。当转播综合区空间不能满足使用时，要有能够开启的额外备用
空间，在2021年国际雪联的测试赛中，使用转播综合区的空间是要
付费给场馆的，该项支出需要纳入制作成本中。

3. 转播综合区地面要求

转播车的停放要求地面平整，因此要考虑转播综合区的地面是否平整，地面强度是否满足停放转播车的要求。转播综合区尽量采用一整块平整的空间，当转播跳台滑雪比赛项目时，由于靠近山区，不具备地面平整的条件，需要提前在转播综合区搭建一些基础设施，将临时建筑放置在这些预制的基础设施上以获得平整的室内地面。

4. 进场和撤场

转播制作团队在进入转播综合区前一定要提前与北京冬奥组委、场馆业主沟通好，明确场馆准入日期。一般来说，国家跳台滑雪中心会将制作团队进场的时间和撤场的时间安排得非常充足。

5. 消防和工作许可

在北美和欧洲一些国家，制作团队还要获得警方和消防的许可才能在转播综合区开展工作。在国家跳台滑雪中心，也设置了消防板房，来应对突发事件。

6. 安保

国家跳台滑雪中心在建立转播综合区时，一个非常重要的举措是要提前与北京冬奥组委会确认转播综合区的安保问题，尤其是赛前搭建阶段的安保工作，必须要为制作团队携带或租赁的转播设备提供安保服务。

7. 住宿和餐饮

转播团队到达后，要了解当地的住宿、餐饮、租车和交通费用，这些支出都需要纳入转播制作的费用中。

8. 电力保障

电力是转播综合区的核心。稳定可靠的电力保障是电视转播的前提条件，转播综合区、混合采访区、出发区、结束区、各个摄像机点位的电力都要在比赛开始前进行反复巡查，确保现场有足够的电力和备用电力保障支持转播设备的运行。一般来说，要确保转播技术用电单独供应，不应与其他用电方共用一路电力。共用电力会产生电泳波动，影响转播设备的正常工作，因此对于跳台滑雪来说，UPS（不间断电源）可以确保在电力线路切换过程中减少波动的作用。

9. 赛前巡查

在摄像机位就位前，转播团队电力经理应检查每个转播技术用电的插座和断路器是否正常可用。对于跳台滑雪类项目，应检查沿赛道的取电点位是否可以正常使用，是否被雪覆盖，人员是否能够到达。

10. 柴油发电机电力保障

在国家跳台滑雪中心，经常要用到电源延长线，甚至有些机位要通过小型柴油发电机来保障电力供应或提供电力冗余。燃料的准入问题要提前与北京冬奥组委会或当地消防确认。

11. 媒体餐厅

OBS为了给制作团队提供最优质的赛时餐饮保障服务，会在转播综合区内搭建媒体餐厅，由OBS聘任的餐饮团队来提供服务。

12. 天气影响

制作团队需要提前了解赛场的历史天气数据、赛前设备移入期和赛时的天气情况，并制订恶劣天气下的应对预案，如比赛推迟、降低出发点等情况下的转播方案。

13. 信号传输

提前与直播信号传输服务的提供商建立联系，了解服务商的设备位置、端口型号和特殊要求。

14.临时建筑

除了以上提到的作为功能用房的临时建筑，还需要增加一些额外的临时建筑，比如在国家跳台滑雪中心建立专属卫生间、雪板储藏间等。

15.音视频信号

确认赛场采集的音视频信号是否还有额外的使用方，如裁判是否使用慢动作回放信号查看犯规情况。

16.互联网、无线网络和移动电话信号

确保转播综合区具备互联网服务和无线热点覆盖。当大量现场观众观看比赛时，应确保制作团队仍然可以使用手机进行沟通。

17.医疗服务

确认场馆内是否有医疗设施，最近的医院在哪里，制作团队是否准备了急救包，赛前和赛时阶段是否有救护车在场馆待命。

（二）加速推动转播基础设施落实

从2021年9月以来，转播协调业务领域与OBS密切沟通。为落实"简约、安全、精彩"的一贯原则和总体要求，转播协调团队在沟通中说服OBS缩减临时设施面积、减少不必要的转播临时设施和需求，确定基础的转播临时设施需求。

在工作期间，转播协调业务领域及时与北京冬奥组委转播协调处及相关部门、属地政府沟通，对转播相关临时设施建设和运行中存在的问题进行协调，将存在的问题和风险梳理细化，并根据OBS的意见及场馆现状提出有效的方案建议。

（三）参与赛时转播服务工作

对于2022北京冬奥会张家口赛区的电视转播工作，转播协调业务领域协助OBS高质量完成了51场冬奥会赛事、48场冬残奥会赛事的公共信号制作工作，完成了46场冬奥会和44场冬残奥会颁奖仪式的转播录制制作工作。转播协调业务领域在赛事举办期间履行《主办城市合同》及其运行需求中关于媒体运行的要求，为转播机构协调所需设施及服务，主动协调国内相关主管部门为电视转播提供政策法规和工作条件等支持，认真对接OBS和持权转播商，落实场馆转播技术标准、工程设施、制作计划。在2022北京冬奥会和冬残奥会赛事中，转播协调业务领域为持权转播商提供服务超过1000小时。随着北京冬奥会和冬残奥会闭幕式落下帷幕，张家口赛区实现赛事全程转播时长超过350小时，三处风景摄像机31天全天候直播累计2000余小时，工作零失误，赢得了OBS和持权转播商的称赞。

（四）合力营造安全赛事环境

在全面协调OBS转播工作的同时，疫情防控工作依旧是本次冬奥会和冬残奥会筹办工作的重中之重。在赛事保障过程中，作为赛事实习生，不仅严格遵守"戴口罩、量体温、不聚集"的要求，同时在日常工作中与OBS及持权转播商一起按照《防疫手册》中的各项要求，共同自觉践行防疫政策，保持社交距离，从自身做起，确保一个安全的转播工作环境，为赛事的顺利、成功运行提供了保障。

五、实践思考

查尔斯·狄更斯在《双城记》的开篇这样写道："这是最好的时代，也是最坏的时代。"那是个复杂的时代，生机蓬勃，却又死气沉沉。而150年过去，这个世界也并没有变得简单。后疫情时代，从经济到政治，从官方到民间，都发生了太多的改变。北京冬奥会是中国自新冠肺炎疫情以来举办的最盛大的聚会。申办北京冬奥会或许也是中国人民聚合民众情感的一次机会。它唤醒了中国人的民族记忆，成为人们人生长河中最为珍贵的一笔财富。

（一）经验总结

作为2022北京冬奥会的一名赛时实习生，首先很荣幸参与到这样的国际赛事中，成为张家口山地转播中心转播协调业务领域的一名工作人员。于我而言，这确实是以另一种方式完成了自己的梦想。但转播协调工作对于我来说无疑是一件极其陌生又十分抵触的事情，接受挑战但又惧怕挑战。2021年9月，我作为一名冬奥新人来到了张家口，这也是我第一次了解OBS、转播综合区、混合采访区、摄像平台、转播照明、评论员席等更为专业的体育赛事转播词汇。在工作期间，我也遇到了很多困难，如语言问题、应急能力、协调能力等，这些问题很长一段时间成为我工作中的障碍。我深知，实际工作的经验是需要在不断修正自我、强化自我的过程中慢慢积累起来的，当然还有很多工作的解决思路和前辈们的经验也值得学习和探索。林山老师、何海洋老师在工作中给予了我十分重要的帮助，也是他们耐心和细心的帮助，让我不断实现自我突破。工作中我有很多刻板的观念和做法，思想不够解放、思路不够开放，但在实际的转播协调工作中，OBS和场馆业主团队的很多意见都是在不断变化的，因此只有积极有效、耐心认真采取适当的方法应对，才能高效地完成工作任务，更好地开展下一步工作。

2021年9月—2022年3月，我回学校学习的时间少之又少，因此，我十分珍惜在冬奥期间学习的机会。作为一名新人，我本着多听、多问、多看的态度，学习到了很多工作之外的知识。当然，冬奥实习的经历也让我对体育、对冬奥赛事有了更新的认识，让我越来越热衷于奥林匹克文化。

（二）未来发展

1908年第四届伦敦奥运会前夕，《天津青年》杂志刊登了一篇文章，提出了三个问题：中国何时才能派一位选手参加奥运会？中国何时才能派一支队伍参加奥运会？中国何时才能举办奥运会？中国人民凭借水滴石穿的耐力和精卫填海的毅力找到了这三个问题的答案。我希望自己也能成为一名奥林匹克文化的传承者和追随者，为自己所热爱的体育事业贡献力量。

案例十五　冬奥有我

——用镜头传播故事

> 服务地点：国家体育场
>
> 服务人员：邱雨萱

【摘要】7个月的实习让我全程参与了北京冬奥会筹备、冬奥会和冬残奥会赛时运行及收尾。我在媒体运行部转播协调处主要是承担冬奥会的转播服务工作。在经历了前期大量的准备工作后，我进入国家体育场（鸟巢）北京冬奥会开闭幕式工作部，具体负责开闭幕式的转播服务工作，为开幕式的顺利完成贡献自己的一份力量。

一、背景介绍

随着2022北京冬残奥会的闭幕，北京冬奥会也画上了圆满的句号。2022北京冬奥会的成功举办让世界再次看到了中国，蕴含着金牌、荣誉、感动与泪水的冬奥记忆将会一直封存在每一位中国人的心中。北京，历史上的首个"双奥之城"，也是我的家乡。2008年北京奥运会时我还是一名小学生，奥运却已经在我心中种下了一颗种子。2022北京冬奥会，随着年龄的增长，我心中的这颗奥运种子也逐渐生根发芽。通过努力，我考上了北京体育大学的研究生，希望能够离北京冬奥会更近些。终于，功夫不负有心人，感谢学校和学院能够给予我这一难得的实习机会。同时，我也很荣幸能够作为一名代表北京体育大学新闻与传播学院的赛时实习生，参与到这一最高级别的国际体育赛事中，为北京冬奥会贡献出一份属于我的力量，留下了深刻宝贵且独一无二的冬奥记忆。

二、岗位分析

我的实习时长是2021年9月6日到2022年4月6日，共计7个月，全程参与了北京冬奥会筹备、冬奥会和冬残奥会赛时运行及收尾。

我被分到的部门是媒体运行部转播协调处，主要承担冬奥会的转播服务工作。媒体运行部的部长是有着双奥工作经验的徐济成老师，在徐老师的带领下，我在媒体运行部学到了很多知识，收获良多。起初，我在北京冬奥组委媒体运行部转播协调处实习了两个多月，在这里更多的是负责统筹规划类的工作。我协助老师完成了《奥林匹克广播服务公司（OBS）赛时指南》的编制完善工作，同时还负责筹办了转播商防疫手册吹风会等重要的大型会议。在这段时间里，我了解了各种与OBS相关的政策文件，也学会了如何与各个部门的人进行有效的沟通和交流，这为我今后去场馆工作奠定了良好的基础。

临近赛时，总部的筹备工作基本完成，这时，我们需要去冬奥场馆中进行更细化的工作。就这样，我来到国家体育场（鸟巢），进入北京冬奥会开闭幕式工作部，具体负责开闭幕式的转播服务工作，在国家体育场的工作内容将会在下文中具体介绍。

图 1　转播商防疫手册吹风会的会议室筹备

三、主要内容

如果说，在北京冬奥组委媒体运行部转播协调处的工作属于在指挥室里的决策工作，那么来到场馆工作就一定是深入一线、最直接的战斗。我于2021年12月20日来到国家体育场，加入开闭幕式运行团队，在转播服务领域继续从事转播相关工作。在环外工作了三个星期，而后就于仓促之中进入了闭环工作。在环外工作的三个星期中，我慢慢认识了鸟巢，体验了最严格复杂的进馆安检流程，习惯了日均两万步的工作节奏，也记住了从办公室到转播综合区这环绕半个鸟巢的路程。之后，在2022年1月8日，我正式进入了闭环工作，同时我的冬奥之旅也正式开启了。

图2　笔者加入开闭幕式工作部 国家体育场运行团队

四、典型活动

（一）OBS的坚实后勤保障

由于我所在的业务领域是转播服务领域，我们领域所面向和服务的客户群是冬奥会的主转播商奥林匹克广播服务公司（OBS），OBS不仅是最早入驻场馆的，也是最晚撤出场馆的，因此我们是最早进入闭环的一批人。在闭环初期也是最艰难的时期，我们每天承担了很多繁杂琐碎的工作，例如在安检口给OBS进场人员发放辅助通行物，协调进场；陪同OBS技术人员安装设备；填写第二天的"每日运行计划"，填写大量的设备安装计划；给OBS的工作人员送饭、送水、送打印纸；等等。我们每天早出晚归，一天工作超过10个小时，不停地接打电话，协调各种事宜，和场馆的各业务领域还有OBS的各个团队沟通交流，来回穿梭于场馆和综合区之间。快节奏、高强度的工作促使我快速成长了起来。

所幸，OBS的各项工作计划在我们的各种协调努力之下有条不紊地进行着，各个摄像平台的机位全部安装调试完毕，其中也包括中央广播电视总台（CMG）和美国全国广播公司（NBC）等持权

图 3　轨道摄像机调试现场

转播商的机位。还有特殊设备的安装，包括轨道摄像机的轨道搭建、飞猫摄像机的高空作业搭线、蜘蛛摄像机每一次的调试安装等。

（二）转播综合区的见证者

在此期间，我见证了转播综合区从一片工地到OBS和持权转播商入驻并投入使用的全过程，见证了飞猫塔架从挖地基到塔架搭建安装、直耸云天的巨大蜕变，见证了中央广播电视总台8K转播车的进场和退场，见证了每一台摄像机的安装。

图 4　中央广播电视总台 8K 转播车进场

从最初对摄像点位的一无所知到后来对每一台摄像机的烂熟于心，我在这个过程中学到了专业的知识，收获了与OBS工作人员的珍贵友谊，也得到了巨大的成长和历练。

图5　蜘蛛摄像机安装调试现场

（三）开幕式圆满成功

　　尽管前期的筹备工作任务艰巨，但当2月4日开幕式开始的那一刻，看到鸟巢的大屏幕上放着转播的画面，鸟巢的上空绽放出灿烂的烟花，看到全中国、全世界的人都对冬奥开幕式赞不绝口，我就知道，一切都是值得的。四场仪式，我都在场上承担着斯坦尼康摄像的转播引导工作。很幸运能够在鸟巢，在斯坦尼康摄像机镜头后面这样一个特殊的视角，见证北京冬奥会与北京冬残奥会开闭幕式的全部过程，并且能够亲身参与到冬奥会的转播工作中，与有荣焉。

图 6　笔者和斯坦尼康摄像机合影留念

五、成效评价

从工作角度来讲，我们的工作效果相信无论是坐在电视机前还是在移动端前观看冬奥会和冬残奥会开闭幕式的观众都是有目共睹的。观众对北京冬奥会开闭幕式的积极评价和肯定就是我们转播工作成功的证明。

从个人角度来讲，作为北京体育大学新闻与传播学院体育新闻专业的一名研究生，能够亲身经历国际最高级别体育赛事的筹备、运行和收尾工作，站在体育赛事的角度来回顾、学习并完善研究生期间所学到的专业内容，将所学的专业理论知识运用到实践中进行探索，这是非常难得的机会，也是我人生中一段非常宝贵的经历。

图 7　笔者与北京冬奥会火炬合影留念

六、实践思考

（一）经验总结

在这半年多的冬奥实习工作中，我不仅学到了很多知识和技能，也积攒了一些初步的工作经验。

首先，要不断提高自己的学习能力。学无止境，工作的过程也是学习的过程。我们所学的专业知识一定是有用的，特别是在实践中，专业知识是指导我们工作必不可少的内容。但是，专业知识不是全部，更多的是要保持一颗谦虚好学的心。对待自己完全不熟悉的工作内容，要吃透自己手中的资料，虚心向同事请教，努力学习并掌握，比如各转播区域的图纸、各机位的位置、特殊设备、一些英文的专有名词等。

其次，要提高自己的英语水平。英语在冬奥会期间是主要工作用语，特别是英语口语和听力，在和外方开会沟通的时候，必须要明确知道他们的意思。同时，一口流利的口语也会为我们的形象加分。

（二）未来发展

在未来，我要继续提高自己的人际交往能力。可能是我这个岗位的特殊性，作为连接北京冬奥组委和OBS的沟通桥梁，我在平时的工作中不仅需要和冬奥组委及场馆的各部门保持联系，还需要和外方保持良好的沟通和联络。大多数时候和各部门沟通的通畅程度决定了工作推行的顺利与否。

回顾我在北京冬奥会的整个工作历程，为之奋斗的无数个日日夜夜，这个过程虽然很辛苦，有泪水、有汗水，但是我感到很充实、很快乐、很自豪，也很骄傲。在此，我想对北京冬奥组委、北京体育大学，以及国家体育场中每一位帮助过我的领导、老师和同事致以最诚挚的谢意！通过这一次实践，我更加坚定了自己热爱体育的那份心。如冬残奥会所言，"改变始于体育"，希望今后我可以继续致力于体育的传播和发展，尽自己的绵薄之力，在体育的道路上发光发热。

案例十六 镜头带你看冬奥

——2022北京冬奥会冰壶项目赛事转播摄像助理
工作案例分析

服务地点： 国家游泳中心

服务人员： 王坤、任徐行

【摘要】2022北京冬奥会期间，笔者作为国家游泳中心冰壶项目的摄像助理，需帮助摄像师完成电池更换，保障摄像设备正常运行。冰立方场馆内包括了已架设好线缆的固定机位及10个游动机位，赛场两侧则各有两个摇臂。同一时间内9—10名摄像助理对这14个机位的摄像师负责。在开赛前，需要进行安装、布置等前期准备工作，保证比赛期间的转播、摄影工作顺利进行。

一、背景介绍

在2022北京冬奥会和冬残奥会举办期间，国家游泳中心（又称"冰立方"）承担的赛事为冰壶和轮椅冰壶。赛事转播团队为中国团队，由来自中央广播电视总台、黑龙江电视台、天津电视台、山东电视台的四个团队构成，每个团队分别负责场馆中一条赛道的赛事转播工作。由于冰壶项目赛事场次多，四条赛道经常需要同时开赛，因此冰壶赛事使用无线摄像机，以避免线缆相互缠绕，干扰运动员比赛。

二、岗位分析

在北京冬奥会期间，小组成员参与OBS在冰立方的制作团队，均在团队中担任摄像助理。OBS是国际奥林匹克委员会设立的实现比赛主转播功能的公司，它为其他媒体提供赛事电视及广播内容。冰立方团队在冬奥会期间负责冰壶比赛的转播。除了已架设好线缆的固定机位外，冰壶赛场上设置了10个游动机位，赛场两侧则各有两个摇臂。同一时间内9—10名摄像助理对这14个机位的摄像师负责，其他的固定机位则无须助理。对于游动机位而言，冰壶赛场的转播采用了无线摄像机，无论是电源连接还是信号传输都不通过线缆进行。因此，摄像助理无须担负繁杂的理线、送线工作，取而代之的是赛前及赛中电池的更换工作。电池安装、脚架安置都是摄像助理在开赛前需要做好的准备工作。冰壶比赛的中场休息时间短暂，摄像师基本上随时处于工作状态。为了避免重要镜头的缺失，电源的及时支持是必需的。摄像助理中有两位是来自美国的学生，其余均是中国参加BTP项目的学生。摄像助理由摄像团队内的负责老师管理。

各电视台的转播团队于2022年1月26日进入赛时闭环，摄像助理则从1月24日开始陆续进入闭环。开赛前，工作时间为

9：00—17：00。开赛后，摄像助理的工作分为早晚班：早班负责上午场比赛及下午场比赛的前半场，具体工作时间为7：00—15：00；晚班负责下午场比赛的后半场及晚场比赛，具体工作时间为14：00—23：00。早班休息时间为11：30—13：30，晚班休息时间为17：00—19：00。

三、主要内容

工作的主要内容是在不影响比赛进行的情况下尽可能辅助摄像师完成摄像工作。电源支持是必须完成的工作。通常情况下，冰壶比赛会持续2小时30分钟到2小时50分钟。加上开赛前热身时间，整个拍摄流程时长在4个小时左右。对于需要在相对狭小的冰壶赛道间来回走动的摄像师而言，采用无线摄像机使得他们的活动更自由灵活、机位的选择更方便。但无线带来的弊端是电池的更换，使用额外监视器的摄像机则需要更大的电源支持。所以，在一场比赛内需要多次更换电池，而电池更换的具体时间没有定数，需要摄像助理与摄像师配合。

在工作过程中，需要注意赛事规范与赛事转播的要求。因为存在进入场地的可能，服装需要注意，防止商标被摄入画面。同时，需注意相应的区域限制。担任不同岗位的人员有相应的工作区域，各司其职。同时，部分工作人员承担了部分维持秩序的责任。在女子冰壶半决赛时，众多日本媒体记者来到现场报道。在日本队胜利后，记者涌向运动员出场处，试图拍下素材。部分摄像助理协助拦下了记者，为进行正常的转播流程创造了空间。

图 1　冰立方内景

四、典型活动

冰壶项目在室内举行,因此比赛基本不会受到天气情况影响,摄像的工作难度相较雪山项目来说较低。但冰壶比赛时间较长,且摄像机上附带电池(有线设备上没有),相较有线设备来说重量更重,摄像师体力消耗大。对于摄像助理来说,需要站在场边随时关注摄像师的需求,尽可能快地完成电池更换,以保证赛事的各个角度能够全面地展现给导演,供其选择。

作为第一个开赛的项目,冰壶在开幕式举行之前就已进入混双项目的循环赛。2022年2月2日,所有人到达场馆之后,总导演对当天的转播工作作出了一些指示。他指出,第一天的工作以求稳为主,首先保证画面拍摄稳定,日后再逐渐增加比赛画面的花样。摄像助理需要比摄像师更早到场，确保摄像机上的电池处于满电状态。在第一天的比赛中，D道是中国队对阵瑞士队。我们第一次站在现场看中国队比赛，既兴奋又紧张。一方面因害怕自己工作失误而一直紧盯摄像师，另一方面又想关注场上双方对阵的情况。最终，第一场比赛平稳度过，中国队也赢得了冬奥会的开门红。

图 2　摄像助理工作时的场景

比赛转播结束后，负责计时的欧米茄工作人员过来与我们击掌庆祝，这是我们在冬奥会期间与外国人进行的第一次接触，从中深刻地感受到各个国家、各方面人员为了这场比赛的圆满进行而倾尽努力，深切体会到奥林匹克团结全人类的魅力。当天结束比赛返回酒店时已是深夜，在车上，来自不同团队的同事们讨论着工作，也讨论着比赛。冬奥会的第一枪就这样打响了。

图 3 摄像助理检查摄影设备场景

五、成效评价

作为转播团队中的一员，最主要的任务是使转播工作顺利完成。冬奥赛事转播的流程是由多个环节构成的，摄像助理的工作虽小，但对整体拍摄流程的正常开展是有所帮助的。整个赛事转播期间，我们顺利完成了工作，对比赛内容的完整产出作出了贡献。

对于冬奥会而言，赛事转播是尤为重要的一环，特别是在疫情之下。赛事IP价值需要通过转播服务来实现。从最基本的环节开始，团队各司其职完成了转播工作，实现了工作效果。在工作中，我们直接与摄像师进行对接。能够辅助摄像师，收到摄像师的正向反馈，就是对我们工作最大的肯定。

图 4　激烈的冰壶比赛

六、实践思考

（一）经验总结

　　在工作前，我们进行的多是与线缆等有关的培训。但在进入工作岗位后，发现实际情况与预计有偏差。由于设备的变更，采用了无线摄像机，线缆工作便不再需要摄像助理负责。适应情况的变化，作出相应的调整是本次工作给予我的经验。在场地中，存在与事先培训不同的情形，此时便需要我们顺应形势的变化，作出自身的调整。除了自身工作外，其他人员也给我留下了深刻的印象。赛时，场边的媒体记者各个手持多个相机，抓紧一切时间完成内容的采集、编辑和上传工作。所有媒体工作者都作为冬奥的一部分，将冬奥赛场的起伏带给赛场外的关注者。作为体育记者的他们大多一人完成采集与编辑工作，拍完照片后有些记者甚至在场边就开始编辑。这次工作使我看到了不同媒体工作者的真实工作状态。

身处体育赛场也让我有了特别的收获。体育赛事的感染力难以简单地用文字描述。运动员获胜瞬间的喜悦、对手间的示意，都让场边的我深受触动。

图 5　镜头后的工作人员

（二）未来发展

2022年我们举办了一届精彩的冬奥会，传递了令人动容的奥运精神，留下了许多精彩的体育瞬间。我们通过闭环管理的措施确保新冠肺炎疫情下一切都安全有序地进行，组委会各项工作都完成得非常出色。从1月23日至冬残奥会结束，全程实施闭环管理。闭环管理涵盖地理、交通、住宿、餐饮、竞赛、开闭幕式等所有涉冬奥场所。简单来说，就是和冬奥会相关的活动是不与外界接触的，并明确不面向境外观众售票，仅面向境内符合疫情防控相关要求的观众售票。同时，当涉奥人员抵达冬奥村后，率先迎接他们的便是"智能防疫员"。与其他场所出示"健康码"不同，面对此设备，进入人员无须摘掉口罩，一秒内便可完成身份识别、智能测温等8个查验环节。"智能防疫员"在提高信息核验效率的同时，也提升了通行速度。

"智能防疫员"自带感知设备，相关人员只需刷有效身份证件，机器人便可迅速识别人员身份，快速判断其健康状态，并给出"未见异常"等状态提示。这一系列动作只需一秒便可完成，也可保证人体温度检测精准度在0.2℃以内。北京冬奥会带给世界的"中国智慧"可以概括为：第一，将疫情防控大局放在首要位置，抓住

图6　冰立方工作人员大合影

主要矛盾；第二，必要入境的境外人士，必须经过严密的流调及甄别，确保不会对防疫大局造成破坏。

北京冬奥会的这一成绩令人钦佩。世界对中国、对北京给予极大认可。同样非常值得关注的是，一些用于2008年夏季奥运会的场馆设施也被用于本届冬季奥运会，这是中国在奥运会的可持续性方面对全世界发出的一个重要信号。奥运会的举办必然要进行大量的工程建设，北京冬奥会利用2008年北京夏季奥运会的场馆基础，在冬奥场馆的建设中体现了环保与可持续发展的理念，这对于以后大型活动的承办也是一个有益的参考。

北京冬奥会的举办有力推动了中国冰雪运动的发展。它符合奥林匹克精神，激励人们参与体育活动。与此同时，这也是一个绝佳的机会，利用体育和旅游平衡好地区的发展和人民的福祉，打开了旅游和商业市场，为与奥运会类似的大型活动的举办提供了很好的参考和借鉴意义。

案例十七　站在山顶的摄影师

——国家高山滑雪中心摄影运行

服务地点：国家高山滑雪中心

服务人员：张婧娴

【摘要】本案例将围绕高山滑雪摄影运行赛前筹备和赛时运行中的各个方面展开，立足于笔者在国家高山滑雪中心摄影运行团队的半年实习经历，详细介绍摄影运行相关工作内容。由于高山滑雪项目的特殊性，其在筹备过程中需要面临的困难应该是冬奥会所有项目中最多的，本届冬奥会高山滑雪比赛的完美落幕，离不开背后每位工作人员的辛苦付出。

一、背景介绍

作为冬奥项目皇冠上的一颗明珠，高山滑雪项目具有落差大、赛道长、运动员滑行速度快的特点。比赛设有竞速和竞技两大类别，其中竞速类项目包括滑降和超级大回转；竞技类项目包括回转和大回转。北京冬奥会高山滑雪按参赛运动员可划分为男子项目、女子项目和混合项目。并且男子项目与女子项目都各设滑降、回转、大回转、超级大回转、全能比赛五个小项，混合项目则为混合团体赛。按照国际雪联规定，落差最大的男子滑降比赛的起点与终点的垂直高度差最大能达到800—1100米，在比赛过程中高水平运动员的速度可以达到90—140千米/小时。项目特点决定了高山滑雪的摄影点位需要克服超长赛道、超陡雪面和超冷天气的三重考验。可以说，高山滑雪项目的摄影服务保障充满了挑战与未知。

二、岗位分析

摄影记者是每一届冬奥会媒体力量中不可或缺的组成部分，他们用相机记录下的精彩瞬间将成为奥林匹克发展中永恒的记忆。北京冬奥会摄影运行团队负责为赛事及相关活动创造最佳摄影位置，为注册摄影记者组织提供各种必需的服务和设施，与组委会其他业务领域通力合作，以满足摄影记者拍摄需求，确保新闻图片迅速传输，呈现一场精彩的奥运盛事。

我在高山滑雪项目上主要担任摄影主管一职。摄影主管主要需要协助场馆摄影经理和摄影副经理工作，并参与到志愿者培训工作中。摄影主管需管理摄影服务台，整理辅助通行物，监督主摄影位置的赛时运行。在比赛期间，摄影主管需提醒摄影记者不要将设备随意遗留在场馆内。同时，摄影主管要管理该场馆内的摄影运行志愿者，协助他们完成工作。志愿者是赛时摄影运行团队中极为重要的一部分，作为摄影助理，主要负责管理各个摄影位置，协调记者的出入，配合召开媒体的吹风会，摄影服务台答疑，等等。他们将被灵活分配到各个岗位，配合摄影主管和摄影经理与副经理完成相应工作。他们需了解摄影记者的工作需求，避免任何会影响记者拍摄的行为。若有任何突发状况，他们应及时向摄影主管汇报。

2021年10月前，延庆高山滑雪的相关工作人员先是在山下延庆城区组委会办公楼办公，进行前期筹备的相关工作。10月之后统一上山办公，开展日常现场踏勘和建设工作。2022年1月4日，因考虑到前期来华涉奥人员的防疫问题，开启小闭环工作。小闭环期间，摄影外籍经理Francis（弗朗西斯）加入工作，摄影运行进一步完善场馆媒体中心（VMC）的建设、雪道摄影位置的踏勘、摄影平台的搭建与维护和摄影平台相关电力及网络服务的保障。1月23

图1　进入闭环前物资搬运

日，全体人员移入大闭环，正式进入赛时阶段，开展赛时摄影运行相关工作。

大闭环期间，高山滑雪中心媒体工作人员一般每天5：45乘坐TG班车从入驻酒店到达延庆冬奥村核心二号地，时长大约1小时，随后乘坐缆车到达高山滑雪中心VMC。VMC的开放时间遵循前三后四原则，即赛前三小时和赛后四小时开放，一般会在18：00坐车回到驻地。

三、主要内容

摄影运行的客户群主要分为普通摄影记者和POOL摄影记者。POOL摄影记者又包括IOPP摄影记者、NOPP摄影记者和部分国际单项组织派出的摄影记者。IOPP是国际奥林匹克摄影队（International Olympic Photo Pool）的缩写，由美联社、法新社、路透社、盖蒂图片社和新华社抽调人员组成，主要拍摄各场赛事中来自各个国家的运动员的身影。NOPP是国家奥林匹克摄影队（National Olympic Photo Pool）的缩写，由主办国的新闻机构成员组成。2022北京冬奥会的NOPP是新华社，其主要拍摄各场赛事当中的中国运动员的风采。IOPP和NOPP成员可通行各个场馆内专门为他们规划或预留的POOL摄影位置，以获得最佳视角，通常可以更近距离地拍摄运动员。

摄影运行团队服从场馆和核心团队的双重管理，工作实行"双汇报"机制，以保证各场馆摄影运行团队内部工作节奏一致，重要信息及时互通。实行"双汇报"机制的重要原因之一是其他业务领域与摄影运行也都紧密相关。赛时，摄影运行团队尤其要与体育

（SPT）和转播（BRS）业务领域密切配合。各业务领域工作开展的前提是确保赛事的顺利进行，在此基础上保证转播画面不受干扰。OBS作为奥运赛事的主转播商，拥有经验丰富的转播团队和成熟的工作机制。各场馆摄影位置的前期规划均征求了体育和转播业务领域的同意，且大多数与转播机位相邻。当然，在运行层面可以有为注册摄影记者争取更多权益的灵活性，前提是尊重体育和转播业务领域的意见。

图 2　相关摄影点位和 VMC 预留位置标识制作

在冬奥会期间，摄影运行团队主要需要提供的服务包括但不限于以下几项。

（1）摄影记者IOPP团队通勤车辆服务。为IOPP新闻机构或图片社提供6—10个PHP停车位，若停车位距离媒体入口较远，需在靠近媒体入口处提供落客点。

（2）摄影记者"媒体+"服务。为购买"媒体+"服务的新闻机构在相应摄影位置提供技术保障。

（3）摄影位置供电服务。在部分指定摄影位置提供电源终端。

（4）摄影记者工作区硬件设施配备。保障摄影工作空间的数据传输与电力供应服务，提供足量摄影储物柜。

（5）摄影记者餐饮服务。保障摄影记者在场馆媒体中心享有免费茶点及付费餐饮服务。

（6）摄影记者辅助通行物发放。雪道摄影记者凭借已有摄影辅助通行物在摄影经理办公室兑换On-Course辅助通行物，并在赛后归还。

高山滑雪摄影团队的运行分为三个阶段。

（1）冬奥赛前阶段：规划并完善场馆内摄影位置；确定摄影记者配额并给予相应的物资、设备、服务；完成摄影运行团队的人员配置和岗位设定，确定岗位职责、运行政策，开展培训工作；沟通协调新闻机构关于摄影位置、遥控照相机等相关需求并配合安装。

（2）冬奥赛时运行阶段：运行摄影服务办公室；辅助通行物的发放、管理与统计；检查各摄影位置的通信线路、设施是否完善，确保流线标识清晰呈现；管理各摄影位置，协助摄影记者在各摄影位置、工作间的工作。

（3）转换期运行阶段：按照冬残奥会的运行计划，调整摄影运行功能区相关服务设施的规模、数量；进行冬残奥会摄影运行流线模拟，确保流线畅通；组织冬残奥会摄影运行培训。

四、典型活动

（一）高山滑雪办赛难度大

高山滑雪项目因其举办地点及时间的特殊性，需要克服许多自然因素的考验。高山滑雪中心地势险峻，赛道具有危险性。延庆海坨山赛道是世界上目前难度最大的比赛场地之一，最高点出发区海拔高达2198米，高度落差近900米，最大坡度达到近70%，普通人在坡面上几乎无法站稳，但赛时需要有几十位专业的雪道摄影记者在前期规划好的赛道上进行工作。

为了让运动员滑行速度更快、更安全，同时保证比赛的公平性，赛道造雪完成之后要浇上水，这样遇到低温后就会形成坚硬的冰状雪赛道表面。因为高山滑雪赛道是冰状雪表面，且赛道坡度达到68%以上，所以对于工作人员本身的滑雪能力和工作能力提出了非常高的要求。高山滑雪中心体感温度时常低于零下20℃，最低温度可达到零下40℃，严寒是每一个户外工作人员必须克服的障碍。"安全"一直是赛事举办过程中的重中之重。高山滑雪摄影运行的危险性很大一部分来源于在赛道旁适宜的位置搭建摄影平台。摄影平台的选择必须根据设计的赛道雪面地势走向、高差起伏等因素勾勒出运动员的滑行轨迹来判断。在选择过程中，天气变化、安全因素、摄影平台搭建的难度、线缆铺设、电力供应、视线遮挡等方面都是需纳入考量的关键。最终的画面呈现还应展示赛道特点、运动员技术、坡道倾斜度、雪道形象景观等，每个雪场和每个赛道的特点都不尽相同，摄影记者在展现运动员精彩瞬间的同时，也应

图 3　凌晨的赛道结束区

向观众展现赛道的魅力与独特。因此，摄影点位选择是前期工作的重点，这项步骤需要协调体育、技术、设施、临建、电力等多个方面，复杂且难度系数大。

（二）雪道陡峭，工作人员需有滑雪技巧

高山滑雪项目的雪道坡度陡峭，即使在未造雪的坡面上行走也非常困难，造雪后危险性更大。因此雪道摄影记者还需具有高超的滑雪技术。高山滑雪运动是冬奥会中速度最快、救援难度最大的项目之一，特别是竞速比赛，运动员从山顶下冲的最快速度可以达到约140千米/小时，一旦技术动作不到位，非常容易发生比赛事故。如果摄影平台选址不恰当，运动员失控时很可能会冲撞到摄影平台，使人员受伤。因此，在前期摄影平台位置的选择过程中需要反

复踏勘场地，根据实际预估各种可能发生的状况，以安全和拍摄视野为前提科学选址。而我们摄影运行团队需要在前期考核沟通和赛事保障两个方面，最大限度地保障这批记者的安全。

（三）天气变化起伏、影响大

此外，高山滑雪是典型的"靠天吃饭"的项目，极易受到大风、降雪、高温融雪等气象因素的影响，比赛可能会发生出发起点降低、运动员出发时间间隔减小等变化，甚至会出现比赛延期等情况。2月6日高山滑雪正式开赛的第一场比赛和2月19日最后一场比赛，就因为大风天气而导致比赛延期。这对于赛事的运营来说是极大的挑战，需要前期做好充分预案。以2月6日的第一场男子滑降比赛为例，开赛第一天就遭遇延期，许多摄影记者无功而返。而比赛推迟到第二天则会造成第二天的运行压力过大。原来安排在第二天的女子大回转的比赛涉及上午、下午两轮，而且女子大回转比赛在竞技赛道，一旦插入位于竞速赛道的男子滑降比赛，就涉及摄影记者转场、两个结束区VMC人员配置等诸多问题。如何合理安排志愿者做好两个VMC的接待工作，是我们当时首先要解决的。经过及时开会讨论，我们在第一时间就作出了解决预案，并且与交通、餐饮等领域通力合作，成功完成了第二天的运行接待任务。经过这次超负荷的考验，之后比赛的问题都不在话下了。

五、成效评价

本届冬奥会高山滑雪摄影团队圆满完成了摄影保障运行任务，获得了摄影记者的一致好评。在冬奥会期间，高山滑雪摄影团队在竞技结束区VMC和竞速结束区VMC共接待了近百名摄影记者，每日来访记者均超过70人次，服务时长超100小时，细致周到的服务获得了客户群的广泛好评。虽然高山滑雪摄影团队在这段时间遇到了不少问题和困难，但也得到了许多摄影记者的鼓励。冬奥会是一个开放包容的平台，世界人民在此友好交流，这样美好的瞬间需要用镜头好好记录下来。

在男子超级大回转比赛期间，一名路透社的摄影记者在拍摄颁奖画面时为了抢占位子不慎摔倒，头部需要缝针。我们立即上报医疗团队并联系交通，以最快的速度将人送往冬奥专区医院。这名记者被我们的周到服务和高效所打动。在治疗结束后，他衷心地感谢了我们团队的成员和医护人员，并表示这样的效率在自己的国家是想都不敢想的。这名摄影记者在结束治疗后，唯一担心的事就是不知道如何回酒店，害怕不小心违反了闭环管理规定，无法参与后续报道。我们也在了解了他的顾虑后第一时间联系到车辆，将人安全护送回酒店。这种小事在冬奥会期间还有很多，大家积极奉献，努力解决问题，给前来报道的各国摄影记者留下了深刻的印象。

六、实践思考

（一）经验总结

非常感谢能有这次机会参与到冬奥会的实践中，这半年驻扎在延庆使我迅速成长了起来。在海坨山里的日日夜夜现在回想起来依旧历历在目：这半年我们每天乘坐着要开来回两个小时山路的

图4 大雪天清扫点位

公交车，成功地治好了我晕车的毛病；我们一起徒步踏勘赛道，用双脚丈量场馆；我们在赛事零下二十几度的严寒里清扫摄影平台积雪……作为一名即将毕业走向工作岗位的研三学生，冬奥的经历不仅开阔了我的眼界、锻炼了我在大型赛事方面的工作能力，还让我坚定了想要继续从事体育新闻相关事业的决心，让我看清了我的心中所爱，在择业、就业的人生十字路口，找到了努力的方向。尽全力做一名成熟的体育记者，在这条路上坚定地走下去，是我这段时间最大的收获。

（二）未来发展

我国滑雪运动起步晚，在国内也甚少举办大型滑雪项目赛事。在此之前，国内没有专业的雪道摄影记者。以本次冬奥会为契机，新华社培养了我国第一批具有雪道资质的雪道摄影记者，他们经过冬奥会的考验与成长，已经成为我国冬季项目报道中的中坚力量。新闻摄影的历史和奥林匹克运动一样，总是等待着突破。在未来的国际滑雪赛事赛场上，我们也终于能够听见中国记者的声音。这是冬奥会带来的改变，是中国在冬季项目上迅速发展带来的良好结果。

案例十八　滑冰场的守望者

——热身区的志愿服务人员

服务地点： 首都体育馆

服务人员： 梁佳越

【摘要】热身区志愿服务人员的工作看似单调枯燥，但他们却有更多的时间注视着那些神色各异的运动员们，就像是麦田里的守望者。本文从服务花样滑冰领域热身区志愿者梁佳越的视角入手，通过介绍志愿者的日常工作经历，讲述其在该领域志愿服务的所见所闻，并通过第一视角展现志愿者和运动员的互动接触。志愿者工作的艰辛与美好、收获与感悟，都蕴含在这字里行间。

一、背景介绍

首都体育馆主要承担的赛事任务有花样滑冰和短道速滑项目。我所在的志愿服务领域为花样滑冰运动员热身区，主要承担热身区场地日常消杀和运动员接待等任务。

热身区的场地空间较大，共有三台跑步机和若干个瑜伽垫等热身装备。配备卫生清洁机一台，所有区域均能进行全方面消杀。同时，为运动员以及工作人员、志愿者提供了个人手消喷雾，方便使用。此外，配备一台电视对各比赛场馆情况实时播报。技术设备具有不小的亮点，比如全自动感应式手部消毒喷雾——智能化、自动化，喷雾细腻且防寒保湿效果佳，对运动员和工作人员、志愿者都能起到良好的保护效果。

二、岗位分析

首都体育馆训练馆服务区域众多，包括更衣区、热身区、通行管控在内，实行细致化志愿服务。服务领域采取"一条龙"模式，为运动员提供赛前热身、训练、休息等高质量服务。我所服务的领域是首都体育馆训练馆花样滑冰运动员热身区，志愿服务分为早晚两个班次，每个班次各有3人。上岗时间场地共有两名志愿者分别负责场地卫生清洁消杀和运动员接待。我所在的是热身区早班志愿岗位，每天进入场地后需要首先打开电源连接电视及跑步机，然后开窗通风、清洁消毒等。

志愿者从1月23日至2月20日进行志愿服务，志愿工作分为早晚班，每名志愿者每天的工作时长约为8小时。例如，早班志愿者工作安排：7：00乘坐班车前往场馆，15：00乘坐班车返回驻地。由于运动员预约热身的时间不同，志愿者们的上岗时间略有变化。志愿者通常需要比运动员预约的时间早2个小时到岗，提前做好场地清洁和器械维护工作。

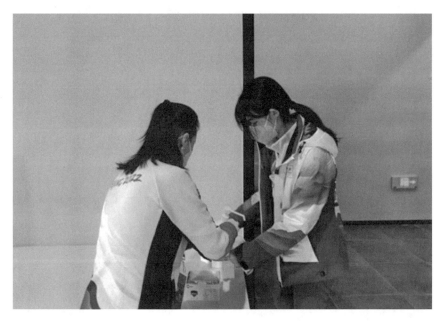

图1 2月9日，志愿者在花样滑冰热身区进行消杀工作

三、主要内容

冬奥会志愿者的日程安排多为两点一线，每日按照班车时间往返驻地和场馆。作为一名花样滑冰运动员热身区的早班志愿者，我需要每天早晨按照工作安排乘坐班车前往首都体育馆。我和众多志愿者一起经历过早晨三四点带着满身疲倦出发的日子，也曾在某些日子里活力饱满临近中午才前往场馆。

这样的岗位有很多压力和挑战。首先是心理上的挑战。由于志愿服务多点位、分散性的工作特点，我们会长时间处于单人"作战"的状态。同时，因为工作点位的固定性，我们每天的工作内容几乎高度重复，这样单一、机械化的工作难免有些乏味和枯燥。其次是生理上的挑战。花样滑冰多数比赛安排在上午举行，运动员会

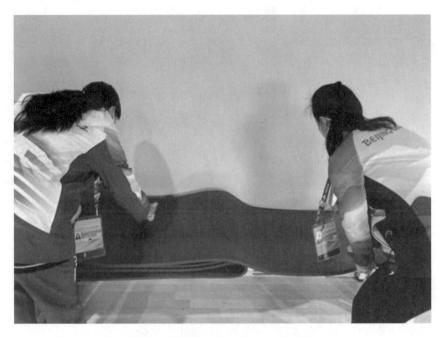

图2　2月9日，志愿者在花样滑冰热身区整理热身器械

提前到热身区进行赛前热身准备，而志愿者规定到岗时间要早于运动员2个小时，因此凌晨三四点起床对于我们来说就成了家常便饭。尽管如此，志愿者都沉浸在一种互帮互助的温暖氛围中，让我们很容易忘却疲惫，获得快乐。

四、典型活动

在花样滑冰热身区做志愿者的我，第一次有机会近距离接触到世界顶尖的运动员，而在热身区这样一个轻松的氛围中，我可以捕捉到世界级运动员日常生活中平易近人的一面。在众多运动员里，世界顶级花样滑冰选手羽生结弦给我的触动很大，他在冰面上的从容姿态能够让人暂时忘却竞技体育的残酷竞争，而他平日里的谈吐举止也让我感受到这位传奇少年骨子里的温文尔雅。每一次走进热身区，羽生结弦都会对所有人鞠躬问好；每一次离开热身区，他也都会弯腰轻抚地面以表达自己对热爱的花样滑冰运动最崇高的敬意。在之后的比赛中，羽生结弦对超高难度技术动作近乎完美的演绎，赢得了世界的赞美。他用顽强的毅力与勇气战胜了自己，这已经超出比赛本身，而成为一场孤注一掷而又享受一生、挚爱的表演。看到他在场上和场下的身影，我想，这次冬奥志愿服务活动又何尝不是给了我一次挑战自己、战胜自己的机会。克服面对陌生国际友人时的羞怯，战胜单人工作时的孤独……我在冬奥会志愿服务中开阔眼界，也逐渐成长。

五、成效评价

花样滑冰运动员热身区是在众多场馆里接触运动员较多的地方，因此给予了我们志愿者丰富的志愿活动体验。热身区的志愿工作总体分为热身区服务和通行管控，女生主要负责热身区场地的接待和消杀，男生则负责通行管控，检查来往人员的证件保证安全。

除了日常的志愿服务以外，我们也需要时常关注运动员的需求，比如热身设施的增加、充电工具的使用等。这也让我们可以通过自己的积极表现，直接获得运动员的赞誉和感谢。因此得到了很多拍照留影的机会自然也就不奇怪了。

首都体育馆承担了两个夺金热门项目，聚集了国内外众多顶尖运动员，为世界呈现了一场精彩的演出。当看到每一场比赛的运动员都可以顺利且近乎完美地完成比赛，看到观众为选手加油呐喊，我都觉得我们志愿者的工作是有成效的，是值得的。

六、实践思考

（一）经验总结

志愿者肩负着沉重的担子的同时，也意味着一种莫大的荣誉。对于花样滑冰运动员热身区内的志愿者而言，频繁地接触运动员们，心理上的挑战还是更为明显。多点位、分散性的工作特点会使我们长时间处于单人"作战"的状态，同时因为工作点位的固定性，我们每天的工作内容几乎高度重复。身体的疲惫对于年轻的我们而言，并非值得强调的内容，更多的是要学会享受这种奉献社会、奋力工作的社会氛围。表面上，志愿服务是没有收益的"为爱发电"，但那些隐性的收获是不可估量的。

（二）未来发展

作为志愿者，我收获了巨大的成长，也对于未来产生了思考。我时常想起赛前培训时多次讲到的关于奥运志愿者的行为准则——"志愿、不为报酬、利他"，强烈的集体荣誉感给予了我强大的心理支撑。虽说在闭环管理中，远离家人的孤单感时常涌上心头，但当我真正理解了这个岗位意义，懂得每一个点位的不可或缺，意识到他人对作为一个完整团体的我们的需要时，这一切便都是那么顺理成章、值得而富有意义。这是一次勇于尝试与突破的珍贵机会，不要局限于自己的领域，是弱势就要努力练习，是新事物就要勇敢探索。一起向未来，愿你我共勉。

本次冬奥会的志愿服务工作对我们来说算不上是难度很大的考

验，但难能可贵的是，我们有了一个近距离注视运动员们的机会。作为志愿者看他们向着更好的成绩更近一步，我们工作时的价值感得以倍增。在这样的耳濡目染之下，我对体育有了更深的理解和热爱，有了更加坚定的决心投入体育传媒事业。未来的中国故事，我们可以共同讲出。

案例十九　张家口冬奥村NOC助理的冬奥之行

服务地点： 张家口冬奥村

服务人员： 程小雨

【摘要】本案例主要介绍了笔者作为国家（地区）奥林匹克委员会（NOC）助理在张家口冬奥村工作的相关事宜。首先，对2022北京冬奥会期间的NOC助理的工作岗位进行总体描述。接下来对NOC助理的工作时间、工作内容进行具体梳理，并分享了笔者在服务期间与巴西代表团的文化交流案例与参与开幕式的具体体验。在服务工作结束后，从时效性与准确性两个角度分析笔者在冬奥志愿服务期间的工作效果，总结服务期间由沟通带来的困难与解决方法。最后，从跨部门的有效沟通与复合型人才培养两方面反思冬奥的经验，并对未来的大型赛事提出建议与展望。

一、背景介绍

我所在的工作场馆为张家口冬奥村，张家口冬奥村作为赛时运动员、教练、代表团成员的主要居住地，为他们提供赛时住宿、饮食、医疗、娱乐、休闲等多重保障，接待来自59个国家和代表团的2200名运动员以及随队官员。张家口冬奥村共涉及12个业务领域，全方位覆盖抵离、物流、反兴奋剂、交通、技术、公共卫生、注册、住宿、庆典仪式、教育、餐饮、媒体运行等多个岗位。张家口冬奥村被分为三个功能区，分别为居住区、广场区与运行区。居住区为运动员提供舒适愉悦的住宿环境，涵盖住房、餐厅、NOC服务中心、娱乐区、健身房、综合诊所等多个场所。广场区则包含商务和休闲场所，如冬奥特许纪念商店、便利店、中国邮政等。运行区位于冬奥村的外围，提供安检、交通等保障冬奥村顺利运转的服务。

二、岗位分析

我所在的岗位是NOC助理，主要作为张家口冬奥村各参赛代表团的陪同助理，为他们提供语言沟通与日常生活服务。NOC助理服务的领域覆盖参赛代表团衣食住行的方方面面。当代表团在日常生活中碰到各种问题时，NOC助理都需要在第一时间联络相关部门帮助其解决困难。大到开幕式的引导环节、比赛期间的交通出行、颁奖仪式的安排，小到住宿期间的马桶堵塞、抵离期间的行李运输。作为NOC助理，我们需要联络抵离、物流、交通、技术、公共卫生、住宿、餐饮等多个领域相关负责人，将代表团的需求安置妥当。NOC助理就像冬奥交际网络中的一个节点，一方面与代表团进行语言沟通交谈，另一方面与北京冬奥组委的相关领域部门对接需求。我们就像传声筒，将两方的安排与需求以合理的方式传送到相应的关系网络中。在2022北京冬奥会期间，国家（地区）奥委会业务领域志愿者分为NOC助理和NOC服务中心志愿者。在我所在的张家口冬奥村，NOC助理由北京体育大学、北京语言大学以及部分河北高校的师生组成，共计300余人。其中来自北京体育大学的老师及学生共129人。

图1　张家口冬奥村北京体育大学 NOC 助理合影

在2022北京冬奥会和冬残奥会期间，我均担任巴西代表团的 NOC助理，自1月23日张家口冬奥村预开村日起，进入所服务的岗位对接巴西代表团的相关工作，于3月15日巴西代表团离境后正式结束服务工作，共计服务52天。我们的工作岗位与所服务的国家密不可分，因此服务时间贯穿冬奥会和冬残奥会的整个周期。从巴西代表团抵达冬奥村的那一刻起，我的工作就开始了，一直延续到他们所有的团队成员顺利登上回国的飞机。从前来到离开，从迎接代表团进入冬奥村，在第一站TPC（代表团接待中心）完成注册，到临走前送别代表团在OAP（值机柜台前移）完成行李值机的最后一关，都离不开NOC助理的服务与帮助。NOC助理每天的工作分为两班制，分别为早班和晚班。早班工作时间为8：00—15：00，晚班工作时间为13：00—20：00，具体早晚班的安排由当天的工作量来确定。日常的工作时间安排较为灵活，当代表团有服务需求时，就需要NOC助理第一时间联络相关岗位负责人来解决问题。

三、主要内容

作为NOC助理，我们工作的最大特点就是"有问必答，有求必应"。对于参赛代表团提出的任何问题与需求，我们都需要第一时间进行解答并提供帮助。作为与代表团直接交流沟通的部门，NOC助理负责代表团日常的方方面面。NOC助理工作涉及范围广，几乎涵盖冬奥服务的所有领域，而涉及不同领域的具体内容却十分细微，与代表团的需求和目的息息相关，涉及衣食住行的方方面面。因此，在工作中我们一方面需要拥有将英语作为工作语言的能力，在与外国人的交际沟通中熟练运用英语；另一方面也需要拥有较强的人际沟通能力，不管是对内与各部门之间的交流协作，还是对外与国外代表团的交际沟通，都需要灵活、准确、高效地传递双方所需掌握的信息。

四、典型活动

（一）除夕夜的中国故事

作为一个新传人，在 2022 年 1 月 30 日除夕前夜，我想用自己的方式在冬奥会期间向巴西人讲好中国故事。新传人总是在纸上写着"讲好中国故事"，而除夕佳节的到来，不正是一个用实际行动"讲好中国故事"的最好时机吗？灵感乍现之后，我的脚步也没有落下。通过勤看多走多问，最终我在冬奥村的冲印店中收获两副对联，在中国联通商店喜提精装大福字。于是，我拿着收获满满的战利品，冲向了巴西代表团的办公室。

面对办公室里一张张陌生的西方面孔，我有一瞬间的怔愣，有些出神。但在片刻的停顿之后，我开始了我的英文独立演讲。这是我第一次这么自信地在外国友人面前侃侃而谈，一边指着手中的对联与福字，一边眉飞色舞地谈起我脑海中引以为傲的春节习俗与文化。我讲到对联的寓意、新春团圆之夜以及虎年，似乎我讲得越多，他们就会对中国，对中国的春节有更深刻的印象，我想紧紧抓住这次机会，把印象里最好的春节介绍给他们。

在一番手舞足蹈与慷慨激昂的讲述后，我收获了他们眼中的笑意，获得了满足感，也更加真切地体会到，在这场千载难逢的盛宴中，"文化自信"——这个曾经在考试与论文中阅读过千百遍的词语所赋予我的价值以及我所要承担的全部意义。

文化自信更多是要说出来、做出来的。就像我曾经习以为常的一年一度相逢日，却在特定的时间里，在距离家千米之外的地方，与特定的人碰撞，演绎出一番别样的中国红。

（二）开幕记

对于 2022 年 2 月 4 日的北京冬奥会开幕式，我的内心跃跃欲试，一边幻想着鸟巢璀璨烟火下这场全世界参与的狂欢赶紧到来，一边又在脑海中闪过几丝隐忧。这场开幕式实在太过重要，重要到像一经启动就必须有条不紊行进的精密仪器，当我真正置身其中，即使扮演巨大齿轮中一个小小的环，也能感受到那微不足道的分量所赋予的责任。

2 月 4 日下午，一如之前全要素多次排练烂熟于心的路线，我们踏上了去北京的列车。只不过这次身边的所有人都换了，不再是测试赛时讲着一口河北方言的官员，而是一群来自世界各地的面孔，说着我听不懂的语言。

在国家体育馆候场之际，我举着引导员立牌，带着巴西代表团一行 4 人穿梭在人潮中，觑见各色的面孔与肤色，看见来自不同国家的运动员兴奋地交换着各国的徽章，看见无数志愿者面带笑容朝我们挥手，说着"Welcome to Beijing"（欢迎来到北京），一瞬间有种"世界大同，天下一家"的恍惚感。我想，这是一种怎样奇妙的连接，让来自天南地北四面八方的人，在此时此地此刻相逢。

我带领着巴西代表团穿行在暮色中，不同国家的列队按照开幕式的出场顺序拉成一条长龙，在这条从国家体育馆通往鸟巢的路上徐徐前进。巴西代表团特别爱拍照留念，他们似乎格外偏爱夜色中的北京。我一边惦记着代表团的出场顺序，一边眼瞧着这群调皮的巴西人为了拍照，偏离了列队既定的轨道。我突然觉得自己有点像是夕阳红旅游团的团长，眼瞧着他们从队伍中飞奔出去到鸟巢最佳拍摄点拍照，又飞奔回队伍中补上耽搁下的前进距离，我觉得有些哭笑不得，却也为他们眼中流露出的兴奋而感到一阵欣喜。

当顺利到达入场口完成交接，目送巴西代表团在礼仪小姐的带领下，从后台走到世界的聚光灯下时，我知道，在这场盛会中，我这颗小小的齿轮严丝合缝地嵌入了。

图2　笔者作为巴西代表团引导员在开幕式现场留影

五、成效评价

作为与参赛代表团直接进行沟通并且接触最多的岗位，我们NOC助理的一言一行都充分反映着中国青年的形象。作为一个需要及时准确反馈信息的岗位，我们工作的好坏直接影响着代表团在比赛期间的感受。我将从时效性与准确性两个方面分析我们作为NOC助理在北京冬奥会期间的工作效果。

（一）时效性

身为NOC助理，我们需要在第一时间对巴西代表团提出的问题进行反馈，特别是碰到具体紧急的问题，如公寓马桶堵塞、住所清洁打扫、即时出行约车、离境核酸检测等，都需要在第一时间联系相关负责部门解决。为了提高工作效率，面对不同国家所遇到的共性问题，负责不同国家的NOC助理会将解决问题的渠道和方式交流共享，避免重复劳动，提升工作效率。

（二）准确性

在北京冬奥会期间，不同代表团遇到的问题各异，并且不同代表团对待相同的问题也看法不一。在外部分工上，NOC助理采取点对点、一对一的解决方式，针对不同的国家采取适宜、合理的方法，提高工作的准确度。在内部分工上，同一国家的NOC助理在相同时段各自负责不同领域的问题，提升内部组织效率，提升工作准确性，减少不必要劳动。

六、实践思考

（一）经验总结

在整个冬残奥会赛事服务期间，我们遇到的最大的挑战与困难都来自"沟通"。沟通困难的原因主要有两个：一个是双方信息不对等与文化差异导致的沟通困难。我们经常需要将北京冬奥组委的指令准确、恰当地传递给外国代表团，也需要将代表团碰到的困难与需求及时反馈给北京冬奥组委，而有时一个需求、一个指令的合理性，在不同的文化背景下也有不同的理解。这时，作为NOC助理的我们就需要及时调解问题，主动承担起责任，最终将问题化为无形。另一个是语言差异带来的交流困难。由于双方交流需要频繁使用英语，因此对NOC助理的英文表达的流利度与准确性要求高，而这也正是我们日常生活中需要突破与克服的瓶颈。

解决沟通困难的方式有两种：一是勤思。在冬奥这个世界舞台，看待问题的方式变得多元，这也提醒我们在今后面对问题时，要具备国际的眼光与发展的视角，要有长远的打算。二是多练。与人沟通的能力是在一朝一夕之间提升起来的，无论是人际沟通还是语言沟通，都需要慢慢地积累经验与技巧。其实我最开始选择对外

图 3　张家口冬奥村风景

联络这个岗位，就是想借此提高自己的沟通交流能力，而在经过50多天的工作之后，我感觉自己在冬奥会期间飞速成长。不论是与巴西代表团的外部沟通，还是与巴西代表团助理的内部沟通，或者是与奥组委不同领域负责人的沟通，都让我受益匪浅，更体会到了人与人之间的复杂与奇妙。

（二）未来发展

1.跨部门的有效沟通

在服务冬奥过程中，跨部门的有效沟通对提升执行层的工作效率有极大的帮助。针对相同问题，各部门之间统一口径制定策略，能起到事半功倍的作用。以物流、竞赛和交通部门为例，针对竞赛部门训练计划的调整，物流和交通部门也随之做出相应改变，满足参与竞赛训练选手的器械运输与交通运输的需要。反之，如果对同一个问题，各部门按照自己的方式制定策略，一个部门的变动没有及时与其他部门沟通，在执行层可能会得到不同的指令，从而产生误读，导致事倍功半。冬奥会期间的规定具有高度的时效性，会随着时间进行不断的调整与修改，更需要加强部门联动，保障目标实现。

2.复合型人才的培养

北京冬奥会也启示我们，在未来要培养全面复合型人才。在赛事服务过程中，我越发体验到语言是一门最基本的工具，是不可或缺的，然而我们更需要"会外语，懂冰雪，懂技术"的全面复合型人才。服务人员仅仅拥有语言能力，而缺乏大型赛事经验以及对相关赛事的理解与掌握，也会对其工作造成困扰。在未来的大型活动人才培养过程中，首先必须要建立培养对象的国际视野，使其拥有国际交流沟通的能力。其次也需要术业有专攻，使培养对象对某一个领域、某一个项目有较为深刻的理解，提升综合素质，做到全面发展，以应对新时代大型赛事的需求。

案例二十 　冰面上的守望

——2022北京冬奥会混合采访区及摄影运行服务
案例

> **服务地点：** 国家速滑馆
>
> **服务人员：** 姜奥博、蒋玉婕、赵璐瑜

【摘要】本案例主要分析北京国家速滑馆媒体运行领域，混合采访区志愿者以及摄影运行志愿者在2022北京冬奥会期间的工作。通过对其工作流程的详细介绍和经验总结，勾勒出一幅生动翔实的北京冬奥志愿服务图景。

一、背景介绍

（一）摄影运行团队简介

摄影运行团队共有摄影经理1名，摄影主管2名，摄影助理共计20名。北京体育大学共有44名志愿者服务于国家速滑馆，主要

可分成媒体运行和转播服务两大领域，其中，媒体运行又可以分成摄影运行团队和新闻运行团队。在这44人中共有10人服务于摄影运行团队，担任摄影助理，主要人员来自新闻与传播学院与国际体育组织学院。剩余10名摄影助理均来自北京师范大学。

（二）混合采访区简介

国家速滑馆的混合采访区是被奥组委点名夸赞的，因此它需要更好地运行才能对得起这份荣誉。混合采访区是运动员下场后首先要经过的区域，它的重要性不言而喻。运动员首先经过转播区（5区）并接受采访，再到文字记者采访区，也就是我们团队所在的区域（4区），在新闻官的带领下接受各大媒体文字记者的采访。混合采访区由三个圈组成，最内圈是运动员通道，只允许运动员和新闻官通行，走出后可前往新闻发布厅或休息室；最外圈是文字记者采访区，其中靠近入口端为五大社采访区；内圈是志愿者工作区。由于疫情防控需求，每圈之间间隔两米，因此会有2—3名志愿者在其中协助文字记者采访运动员。

二、岗位分析

（一）摄影运行团队岗位分析

摄影运行团队负责为赛事提供最佳的摄影位置，以及为注册摄影师组织提供各种必需的服务和设施，以满足摄影记者拍摄需求，确保新闻照片能够及时快速传输，向世界展示奥林匹克赛事的精彩。

摄影运行的服务对象是注册摄影记者（EP）。在北京冬奥会期间，将有来自全世界各地的记者们，按照各个新闻机构的等级，IOPP记者佩戴的辅助通行物为灰色袖标，而其他普通通讯社和图片社的记者则佩戴蓝色袖标。

摄影经理主要负责统筹整个摄影运行团队的工作，保障摄影运行的各项工作能够顺利开展。摄影主管主要负责协助摄影经理工作并帮助管理各位摄影助理，帮助解决一些摄影助理难以解决的问题。摄影助理主要分布在各个摄影位置，帮助所在位置的摄影记者解决疑难问题，保障他们的拍摄工作能够顺利开展。

2022年1月25日至2月4日，摄影运行岗位全体人员9：00到岗，在熟悉每个摄影位置的流线基础上，为前来拍摄训练的少量摄影记者进行服务，17：30左右离岗。

比赛开始前，所有摄影助理到达自己当日值班所在的位置开始为到场的摄影记者们进行服务，其间按照浇冰时间进行轮班休息。

赛时，每日赛前官方训练开始前20分钟，摄影运行团队摄影经理和摄影主管需到岗。稍晚，摄影助理按照当日轮班到岗。比赛开始前2小时，摄影助理需配合摄影主管对场馆内所有摄影位置进行清场，不允许摄影记者们提前使用私人物品进行占位。

比赛结束后，所有摄影助理需来到C点引导各位摄影记者有序拍摄颁奖仪式。赛后1小时，摄影助理离岗。赛后2小时，摄影经理和摄影主管离岗。

2022北京冬奥会比赛期间，国家速滑馆摄影运行团队累计接待摄影记者约1300人次，他们来自140余家媒体机构，其中国外媒体约110家。

（二）混合采访区岗位分析

混合采访区的服务人员由6名志愿者和1名主管老师组成，志愿者6人均来自北京体育大学，分别分布在通行权限管理、采访区域管理以及跨领域管理三个岗位上。其中，通行权限管理2人，在新闻混合区验证点负责查验媒体证件、引导媒体记者进入混合采访区，方便采访区域管理岗位志愿者有序开展工作。

赛时主要分工如下：1名同学负责查看通行权限；1名同学负责引导工作和应急情况处理工作，其位置在入口处和五大社采访区的交界；1名同学主要跟主管一起处理一些与其他领域志愿者的对接和引导工作；1名同学在外圈机动，高峰期会进入内圈协助；一般情况下有2名同学在中圈工作。

赛前初期，即2022年1月29日至2月3日，志愿者的任务为熟悉混合采访区工作情况。全体志愿者在9：30—11：00，13：30—17：00轮班站岗，为前来熟悉场馆的记者提供帮助。

2月4日至2月19日为正赛期，志愿者工作开始时间为开赛前1小时，离岗时间为运动员结束采访前往新闻发布厅后，通常情况下为赛后1小时。整个工作时间大约会持续4小时，实际工作时间根据混合采访区采访情况而调整。

赛时，混合采访区岗位的工作量相比于其他领域会偏大一些，志愿者进入混合采访区的时间是比赛开始前30分钟，直至比赛结束后30分钟离岗，中间几乎没有休息的时间，总工作时长近3.5小时。

三、主要内容

（一）新闻混合区工作主要内容

新闻混合区承担文字记者对运动员进行的赛后采访。通行权限管理岗位首先要在验证点对媒体记者的证件进行查验，需持有文字记者注册卡以及当日辅助通行物才能进入新闻混合区。若未持有相关证件需告知记者登记领取证件后才能进入。其次要引导媒体记者进入混合采访区。由于疫情防控需要，记者与运动员之间要使用一米栏间隔2米距离，一米栏的放置使混合采访区看起来很像迷宫，这就需要通行权限管理岗位的志愿者进行引导，也包括引导五大新闻通讯社的专属区域。

1.协助收音工作

收音工作是混合采访区中圈最重要的工作之一。由于文字记者与运动员之间隔有一个2米的中圈，再加上混合采访区在运作时嘈杂的环境，使他们很难很好地靠自己边采访边记录边录音，因此我们会利用托盘，在运动员到来之前将所有记者的收音设备（手机、录音笔等）整齐地码放在托盘里，放在靠近运动员的位置上（有时放在离运动员较近的桌子上，有时要靠人力来举着）。采访过程中会出现有记者中途要拿回自己收音设备的情况，由于每家媒体只有一名记者前来混合采访区，一回生二回熟，几天之后，我们也就大概记住了一些记者朋友们收音设备的样子，便于归还。当然采访结束后要有序地将设备一一归还。

2.帮助各方沟通

在混合采访区运行过程中，会有一些记者朋友遇到各种问题，如自己应该在什么位置、某些运动员的名字、某些运动员是否已经经过混合采访区等。或者面对一些母语不是英语的记者，志愿者需要很耐心地听他们用英语描述问题，然后再耐心地解答。最后，就是要提醒每位记者保持社交距离，以及提醒违反混合采访区规定的记者，制止他们的违规行为，如非持权转播商不允许在区域里拍摄视频。

3. 承担安全责任

在北京冬奥会开始之前，我们进行了统一的国防安全培训，因此我们在混合采访区又多了一项任务——守护祖国的安全。一些无良记者会趁着冬奥会的时机来采访运动员，其中会带有敏感话题或是对中国不友好的问题，我们的任务就是要关注这种现象，及时留下证据并上报，让混合采访区更加纯净。

（二）摄影运行领域主要工作内容

摄影运行领域服务的摄影记者来自全球各地，他们携带着体积和重量都很大的设备每天穿行在场馆间，工作压力和体能消耗非常大。因此，我们要做的就是尽量为他们提供力所能及的帮助，帮助他们更好地完成自己的工作，拍出精彩的照片。

1. 监督

许多外国摄影记者防疫意识不强，到达场馆之后因为N95口罩戴着很闷，经常会不规范佩戴，或者在比赛场地内吃东西、喝饮料，长时间地摘下口罩，有很大的安全隐患。作为摄影助理，要提醒所在点位的记者们为自己和他人的安全着想，正确佩戴口罩，不在比赛场地内饮食。

摄影记者们为了抢占最佳拍摄位置，经常会用自己的私人物品占座，但是国家速滑馆内所有的摄影位置都是按照"先到先得"的原则（部分预定的座位除外），因此摄影助理要在每次比赛开始之前，监督摄影记者们将自己的私人物品移开，在规定的时间内进入，且要自己亲自在场才算作位置有效。

为了保证比赛的正常进行，以及摄影记者之间彼此不打扰且不妨碍转播的顺利进行，摄影记者们要保持1米间隔距离，且要严格在划定的摄影位置活动，不可以打扰到转播的工作人员，比赛期间也不可以在各个点位之间跑动换位置，以防止影响到运动员比赛，这些都需要摄影助理及时提醒违规的摄影记者们。

2.解答摄影记者疑问

摄影记者们在刚开始来到场馆的时候，对于各个位置不太熟悉，会有关于各个位置之间流线、比赛起点终点、网线和位置的使用等各种各样的疑惑，摄影助理要帮助自己所在位置的摄影记者们解答疑惑，让他们更好地开展工作。

3.严于律己

摄影记者在赛场不仅会报道运动员，摄影助理也是他们拍摄的内容之一，因此所有在岗的志愿者要时时刻刻严格要求自己，在岗期间要保持良好的站姿，不玩手机，微笑耐心服务，给摄影记者们留下美好印象。

（三）混合采访区与摄影运行的相同工作特点

1.防疫要求高

混合采访区是所有媒体运行领域中离运动员和文字记者距离最近的区域，由于一些国外运动员或记者会出现新冠肺炎"复阳"的现象，因此我们更要做好防疫相关工作。工作区的7个人都要佩戴面罩、N95/KN95口罩，随时用酒精洗手液消毒。有的时候我们可能无法保持至少1米的社交距离，因此我们每天在结束工作后都要给自己全身上下进行消毒。而摄影运行也时时刻刻都在接触外籍摄影记者，经常要与外籍摄影记者进行面对面的交流，因此换岗期间要及时更换口罩并仔细消毒。

图 1　混合采访区 1 米线标识

2.工作连续性强

混合采访区工作的时间是比赛开始前30分钟至比赛结束后30分钟左右，虽然有上下半场的比赛，但是由于运动员和大量的记者络绎不绝地来到混合采访区，使得我们几乎没有休息的时间，需要一直在岗位上等待服务对象的到来。在长达3.5小时的工作中，如果混合采访区没有运动员到来，我们可以休息，休息的方式可以是去卫生间、喝水、和记者或新闻官朋友换徽章、和小伙伴在一起聊天等。摄影助理的工作一般从上午官方训练开始前就要开始，一直持续到晚上比赛结束后，虽然官方训练没有正式比赛时来的记者那么多，但是仍然有许多摄影记者愿意来拍摄自己国家或者一些热门选手的训练状态，因此即使有时候人数很少，考虑到服务保障的完整性，还是要求摄影助理们到岗服务。

3.团队协作能力需求高

混合采访区7个人在赛时的工作任务都是要团队协助完成的，缺一不可。每个人都负责混合采访区运行的一环，少一个人都会让混合采访区无法正常运行，这也是和其他岗位区别很大的点。也正是因为工作的团队合作性，让我们从初识到彼此一个手势就能互相配合工作，用极其短暂的时间形成了妙不可言的默契，也让我的冬奥之旅收获了多份珍贵的友情。摄影运行团队共有20名摄影助理，采取的是一个点位两个助理轮班的形式，一个来自北京体育大学，一个来自北京师范大学，每天轮流换班，轮流休息，配合完成一个点位的服务任务，大家在团队协作中收获友谊。

4.灵活性强

志愿者在混合采访区通行权限管理岗位工作时，经常会有没有取得辅助通行物但也想进入新闻混合区的记者，此时就需要了解该记者的情况，根据具体情况灵活处理，看是否让其通行。摄影运行领域中外国摄影记者们的问题也是五花八门，除了和本领域有关的内容之外，还会经常询问一些别的领域的问题，但是我们不能视而不见，还是要尽可能地给他们解答疑问，遇到问题及时向主管报告，确保提供最优质的服务。

四、典型活动

（一）不惧困难，迎难而上

2月6日下午，北京冬奥组委的工作人员前来视察，指出我们混合采访区用来放收音设备的桌子比较矮，担心会影响记者的工作，于是我们中圈的两个人便开始依靠人力来抬高收音设备。2月7日上午，主管为我们准备了高度非常合适的三张桌子放在混合采访区，为我们下午的工作省了很多力，但是收纳收音设备又成了问题，于是主管又在当日下午，为我们准备了4个托盘，一切问题迎刃而解！比赛高峰期时，我们在中圈工作的3个人在收纳和归还收音设备的同时，还要负责端托盘收音，虽然辛苦，但也很有成就感。我们通过对遇到的问题的及时调整，使得混合采访区很快恢复正常运行，直至比赛结束。

图2　混合采访区志愿者合影

（二）随机应变，具体分析

2月8日，两位荷兰选手先后两次打破速度滑冰奥运纪录。记者们开始陆续进入混合采访区准备进行采访。有两位荷兰记者想要采访成绩优异的本国选手，但只持有一张辅助通行物，按照一人一证进入混合采访区的规定，这两位记者中只有一位可以进入混合采访区。但由于混合采访区运行的一大特点是灵活性，尤其是在管理

图3　混合采访区摄影位置

通行权限时，最终，这两位记者都进入了混合采访区，完成了对运动员的采访。离开时，他们也对志愿者表示了感谢。

许多摄影记者为提高自己的工作效率，会选择在一些特殊位置安装遥控相机，但是由于遥控相机要使用蓝牙操控，为了使各个记者之间不彼此影响，也为了使蓝牙不影响比赛的正常进行，摄影记者在安装遥控相机之前需要取得摄影经理的同意。在岗期间，我们遇到过一位法新社的记者在摄影位置安装遥控相机，经报告后发现该记者未取得摄影经理的同意。经双方沟通后，该记者在原地等待摄影经理前来，后事件圆满解决。这也提醒我们，作为摄影助理，在岗期间要认真观察。

五、成效评价

（一）主管领导，赞许有加

赛时，混合采访区在我们7个人的运作下，几乎没有出过差错。我们按照混合采访区原则处理好了每一起突发事件，每天的任务都完成得很出色，也得到了主管和领导的认可与赞扬。

我们为冬奥会作出的贡献，便是对接好记者和运动员，将最专业的服务、最热情饱满的态度展现给国内外的记者和运动员朋友们，让他们对这段旅程留下美好的印象。或许通过我们混合采访区7个人作出的贡献，能让他们对中国这个泱泱大国的美好印象更加根深蒂固。

本次志愿服务使得新闻混合区能够有秩序地开展各项工作，受到了新闻运行团队以及外国媒体的好评。运动员在混合采访区接受采访时也多次表达了对志愿者的感谢。

（二）外国记者，深厚友谊

赛时，我们为摄影记者们提供了良好的服务，甚至和不少摄影记者建立了友谊，日本共同社的劳模记者大昭廉在收到摄影经理送出的礼物时感动得热泪盈眶，摄影记者苏珊娜（Susana）也在最后的留言里写下"big thanks"（非常感谢），"the best photo team"（最棒的摄影运行团队）这样的感谢和评价。可以说我们和摄影记者们已经在冬奥赛时这14天建立起了友谊。

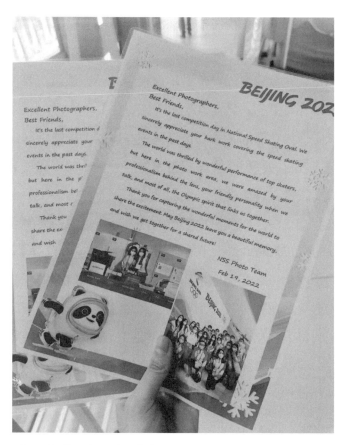

图 4　摄影记者收到的感谢信

六、实践思考

（一）经验总结

1. 勇于挑战，善于沟通

在摄影运行助理这个岗位我学到了很多：

首先体现在英语口语方面。我在正式上岗之前一直非常害怕，害怕自己的英语水平不够，无法与外籍记者们流畅地沟通，怕因为自己听不懂他们的诉求而影响工作的顺利开展。但是后来我发现其实只要敢于开口、敢于表达、认真倾听，问题就都可以被很好地解决。这也让我在今后更加笃定，不要在事前顾虑重重，要在不断提高自己能力的前提下，学会勇敢尝试。

其次是作为摄影助理，在岗期间很多时候要提醒摄影记者们注意不要有违规行为，但是许多记者本身有着繁重的工作任务，如果一而再再而三地去提醒他们，他们就会感到不耐烦甚至不配合。因此，在人际交往中，如何转换自己的话术非常重要，要学会用他们能够接受的方式去劝说，而不是一味地生硬提醒。

最后是友善。在赛前总是有各位老师在培训时强调我们是北京冬奥会的形象。在赛时我深刻地体会到了这一点，因为志愿者是各位外籍记者每天打交道最多的人，我们的精神风貌在他们眼中就是北京冬奥会的缩影甚至是中国青年一代的缩影。因此在赛时，我也努力做到热情地跟我遇到的每一位外籍记者说"嗨"，向他们展示我们的友善。

2.拓宽眼界，提高素养

此外，由于每天都和固定的记者朋友们打交道，从他们每一条专业性、针对性的采访问题中，以及和他们的交流中学到了很多在课本上学不到的知识，作为一名新闻学子，这无疑是一堂大型的实践交流课！我会总结前辈们的经验，完善自己的知识体系，在今后力争做一名优秀的新闻工作者。

3.使命在肩，勇于奉献

很荣幸成为国家速滑馆媒体运行领域的一名志愿者，这对我来说不仅是一份荣耀，更是一次非常珍贵的经历。在此次混合采访区的工作中，我收获颇丰，我认为在上岗之前，首先就要具备足够的社交能力，需要用自己热情的服务，让国外友人们看到中国志愿者的风貌。这个岗位不是简简单单地完成任务，获得荣誉，而是使命在肩的一种责任。我们要时时刻刻注意自己的言行举止，深知我们在一定程度上代表着中国的形象。

团队的6个小伙伴还有主管在赛时每天都在混合采访区一起工作，我们分工明确，协调配合完成了每天的服务工作，不仅屡屡获得领导们的一致好评，更深化了我们的友谊，有时候一个眼神、一个手势就能打出漂亮的配合，给混合采访区的运作添加润滑剂，只有互相了解、互相信任才能齐心协力地将工作完成好，相信我们7个人来日方长，友谊长存，一定能共同享受这一段美好的回忆。

（二）未来发展

1.严格防疫，点滴做起

大型赛会难免会在封闭场所举办，并且很难避免人员拥挤，无法保证社交距离。以混合采访区为例，虽然地上都贴着1米线标识，运动员进入之前还能起到一些作用，但是记者朋友们进入工作状态之后，就无法保证社交距离了。因此在这样的工作情况下，如何有效地开展防疫工作，值得思考。疫情防控不到位，会对部分志愿者造成一定的恐慌，从而影响工作效率和工作状态。场馆防疫规定只有严格落实，才能切实保障冬奥会安全、顺利地进行。

2.磨炼意志，加强技能

今后的大型赛会在招募志愿者时，应以具备一定能力的大学生为主。志愿者的工作以意志力为首要需求，其次才是专业能力，年轻的大学生需要这样的锻炼机会，而且高校的学生经过层层筛选，更符合参与赛会服务的人员需求。

3.绿色办赛，可持续发展

此次北京冬奥会的一个重要理念就是"绿色"。绿色办奥是将来我国举办各类大型活动可以借鉴的。北京冬奥会为了绿色、环保，使用了许多2008年北京奥运会的场馆，并利用了很多城市基础设施。所有场馆均采用清洁能源，实现绿色电能供应。"绿色"这一理念可以在更多的体育领域中使用。

2022年，冬奥会的圣火传递到了北京，北京成为世界上第一个"双奥之城"。志愿者作为赛会人数占比最多的群体，在赛事各个领域发光发热，急困难者之所急，帮困难者之所需。通过这段难忘的志愿者经历，我不仅逐渐增进了自己的新闻传播专业技能，将我的所学所思应用在实际工作中，还明白了团队合作和志愿奉献的重要性。2022北京冬奥会志愿者这份弥足珍贵的记忆会一直激励我砥砺前行。

案例二十一　屏幕后的耕耘

——2022北京冬奥会转播服务案例

> **服务地点：**国家速滑馆
>
> **服务人员：**赵雨泉、孙鼎龙、于倩倩

【摘要】本案例聚焦国家速滑馆转播服务领域中转播信息办公室和转播混合区的工作，梳理转播服务志愿者在赛事不同阶段的工作内容，分析2022北京冬奥会转播服务志愿者的工作特点与创新点。通过对工作过程中的经验总结和反思，逐渐提高个人技能和专业素养。

一、背景介绍

国家速滑馆又被称为"冰丝带"，是北京赛区的标志性场馆之一，也是本次冬奥会唯一新建的冰上场馆。北京体育大学共有来自多个学院的44名志愿者师生服务于国家速滑馆，涉及媒体运行、转播服务两大领域，其中42名为媒体运行志愿者，2名为转播服务志愿者。

北京冬奥组委转播服务领域共4人，其中P类人员2名，V类人员2名，2名志愿者均来自北京体育大学新闻与传播学院。志愿服务岗位主要包括转播信息办公室（BIO）及转播混合区，2名志愿者需要配合北京冬奥组委转播服务业务领域工作人员及主转播商OBS的工作人员完成这两个岗位的工作。

二、岗位分析

（一）赛前

赛前，转播服务志愿者没有固定的岗位，具有较强的流动性。志愿者会与场馆转播服务经理、副经理在国家速滑馆地下一层的综合办公区办公，处在随时待命的状态，一旦接到转播相关需求，就会前往场馆外为服务冬奥会转播临时搭建的转播综合区和主转播商OBS提供服务。转播综合区是OBS部分人员办公及就餐的地方，包括制作与技术人员、后勤人员、欧米茄计时记分人员等，中央广播电视总台（CMG）的转播车也停靠于此。来自"冰丝带"内部的赛事转播信号会通过密密麻麻的线缆到达这里，并在这里制作、加工，然后呈现在世界各地的观众面前。

（二）赛时

进入赛时，我们的岗位主要是在国家速滑馆地下二层的转播混合区入口处。这里是持权转播商进入混合区采访运动员的必经之路，也是运动员结束比赛后进入新闻发布厅前的必经之路。我们在转播混合区的验证点工作。各种各样的验证点在场馆内有无数个，每一个点位都有志愿者负责看守，避免没有通行权限的人员进入其本不应该进入的区域。我们需要做的验证工作主要是面向试图进入混合区的主转播商和持权转播商，需要协助OBS的工作人员，确认进入人员是否有通行权限及辅助通行物。

通常来讲，从赛前1个小时到达岗位到颁奖典礼结束后离开，需要大约3个小时的时间。这段时间需要一直在岗上，没有休息。其中，验证工作强度较大的时段主要是在比赛开始前，因为来自世界各地的持权转播商往往会早早到场进行准备，部分未预定的持权转播商还需要抢占位置。此外，比赛结束到颁奖典礼结束这一段时间，志愿者的工作强度也较大，大量转播商会去转播颁奖典礼、采访获奖运动员。

（三）转播技术设备应用亮点

1.场地照明系统

与传统场馆的照明系统不同，国家速滑馆的场地照明系统是专为场馆量身打造的，由1088套能实现智能独立控制的LED灯具组成。在满足顶级赛事转播需求的同时，也具备节能环保的特点。

2.超高速4K轨道摄像机系统

超高速4K轨道摄像机系统也被称为"猎豹"高速摄像机系统，其轨道可环绕冰面一周。这是一款特种转播设备，由中央广播电视总台历时5年研发而成。它在具有4K高清捕捉能力的同时，最高时速可达90千米/小时，能够跟随赛场上的运动员，还可以根据转播需要，控制速度及镜头方向，更加灵活地捕捉比赛中的精彩画面，为体育迷呈现更卓越的观赛体验。

3.仿生复眼摄像机

国家速滑馆内的两台仿生复眼摄像机被称为"天眼",它们能够对整个场馆实现360°全景高清监控。与传统场馆使用多路摄像头的方式不同,仿生复眼摄像机能够呈现画面连贯性更强、色彩统一度更高的场景,同时也在场馆的智慧安保、节能低碳运营等方面发挥着重要的作用。

三、主要内容

(一) 工作内容及规律

转播服务志愿服务工作主要集中在转播信息办公室和转播混合区,协助主转播商联络团队的工作。与其他志愿者不同,转播服务志愿者的工作内容与主转播商OBS设置的BTP项目人员的工作内容基本一致。转播信息办公室及转播混合区共同构建了整个场馆内主转播商、持权转播商的联络体系。

1.转播信息办公室

转播信息办公室的主要工作内容为核对持权转播商的预约情况,并为其发放辅助通行物,使之能顺利进入自己应到的位置。辅助通行物主要包括红色马甲背心、绿色袖标、贴纸,分别对应进入场心、赛场周围固定机位及转播混合区固定预约位置、转播混合区其他位置的权限。从而明确各持权转播商的工作位置、流线及权限,确保对转播权及持权转播商的保护。因此,转播服务志愿者在工作中需要清楚不同辅助通行物所代表的通行权限,明确各国持权转播商的预定情况,了解不同类别转播机位的位置。同时也需要具备较强的沟通能力和英语听说能力，了解英文专业术语，确保与持权转播商的有效沟通。

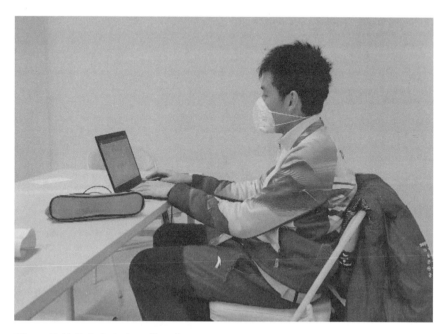

图1　转播信息办公室工作日常

2.转播混合区

转播混合区的主要工作地点集中在入口处的验证点，进入转播混合区、赛场周围固定机位、场心的转播商都需要经过这里，完成验证后才能进入各自的位置。在转播混合区，转播服务志愿者的工作内容包括验证入场人员是否具备5区（转播区域）的通行权限，以及入场人员是否佩戴相应的辅助通行物。转播混合区验证点与转播信息办公室的工作人员相互配合，共同确保主转播商及持权转播商在流线上有序工作，构建场馆内转播服务的基本联络体系。与其他区域的验证点不同，转播混合区验证点不仅需要对5区通行权限进行验证，还涉及众多种类辅助通行物的验证，包括进入转播混合区固定预约位置的绿色袖标、进入场心转播的红色马甲背心以及进入转播混合区其他位置的贴纸，转播服务志愿者需要清楚各类辅助通行物对应的权限。

图 2　转播服务志愿者在场馆内张贴标识

（二）工作特点

1. 工作时间集中

与媒体工作间、媒体看台、新闻运行混合区等岗位的工作不同，转播服务工作伴随赛事进行，所以我们的工作时间是比较集中的。基本为下午到达场馆，比赛前 1 小时到达相应的岗位，赛后离开场馆。

2.工作内容细致

转播信息办公室和转播混合区的验证点人流密集，特别是到了热门赛事，持权转播商数量激增，这就更加考验我们工作的细致程度。在检查持权转播商的辅助通行物时，需要耐心分辨清楚贴纸上写的预约日期以及预约位置，对于没有预约位置或者不清楚辅助通行物领取方式的转播商也要予以相应的引导和帮助。

3.防疫要求严格

由于转播信息办公室空间及通风条件有限，所以前来领取辅助通行物或咨询信息的转播商需要保持社交距离，每次仅允许两家持权转播商的工作人员进入。志愿者需要在协助OBS工作人员发放辅助通行物的同时维持现场秩序，确保办公室内人员保持安全的社交距离。同时，在发现不佩戴口罩、佩戴口罩不规范等行为时，也要及时提醒。

四、典型活动

（一）服务一线：保障赛前物资及人员进场

2022年1月24日—2月4日，在北京冬奥会开幕前，转播服务工作也在紧锣密鼓地准备着。这段时间的主要任务就是主转播商、持权转播商的物资及人员进场。由于物资和人员都是从闭环外进入，所以需要安保、防疫、交通、后勤等各领域配合工作，确保安全后才能逐步进入缓冲区、交接区，最终进入闭环内。每个流程都需要严格的审批以及与各方面的交流，因此对于我们来说都是不小

图 3 转播服务志愿者与工作人员交流沟通

的挑战和考验。

在协助场馆工作人员准备相关材料、完成审批的同时，每一个细节也都需要我们投入时间和精力。主转播商方面，由于主转播商OBS是自己搭建厨房和食堂，所以在物资和人员进场中会出现各种各样的问题。例如，我们需要确保主转播商OBS工作人员入场时所携带烹饪必备刀具的安全，确保蔬菜、生鲜冷链食品的配送安全，等等。持权转播商方面，各国的持权转播商在赛前陆续到来，我们需要带领他们提前熟悉各自的工作点位，帮助他们解决灯光、线路、网络测试、设备等方面的问题。这一系列工作为赛时转播工作的平稳运行提供了保障。

图 4　转播志愿者临时会议

（二）精益求精：转播混合区布局改善

2022年2月12日，中国速度滑冰选手高亭宇夺冠，大量转播商涌入转播混合区，导致转播混合区内较为混乱。面对这种情况，主转播商OBS及场馆转播工作人员提出了相应的策略，并于2月13日开始调整。一方面，OBS增加了转播混合区内工作人员数量，以便更有效地完成入口处验证及转播混合区内秩序的维护。另一方面，调整转播混合区原有布局，增设警戒线，扩大了转播混合区入口处的面积，增加了进入转播混合区的缓冲区域，防止等位转播商的聚集。同时也将转播混合区与旁边的新闻运行混合区分隔开来，实现转播商与摄影记者、文字记者的人员分流。在随后的几个比赛日中，转播混合区的情况得到了很大的改善，在转播商数量较多的比赛日，转播混合区内也能维持基本的秩序。

（三）责任在肩：转播设备运行安全

国家速滑馆的转播工作充满科技感，运用了超高速4K轨道摄像机系统、仿生复眼摄像机等设备，因此需要重视转播设备运行安全。由于超高速4K轨道摄像机系统的运行速度高达90千米/小时，因此需要与体育领域的工作人员沟通协调，在其周围设置相关保护措施及人员通行限制，确保设备安全运行。虽然轨道周围已设有安全隔板，但是在赛前我们也要在轨道周围粘贴禁止通行的标志，最大限度地保障场馆内人员的安全。

五、成效评价

（一）恪尽职守：圆满完成任务

赛时，经过一两天的适应期，我们能够熟练辨别辅助通行物。对于未预订或是已预订但是没有携带辅助通行物的转播人员，我们能够礼貌地要求其在转播混合区外等待，并与OBS工作人员对接，解决这些人员的问题。在工作中，我们能够做到熟练使用英语同外方人员交流，当对方提出异议时，也可以有理有据地解释，并尽快同OBS工作人员取得联系。总体来讲，我们的工作较为有效地确保了转播混合区内的秩序，最大限度地避免了部分没有预订位置的持权转播商"浑水摸鱼"，或同其他转播商争抢机位的情况发生，使赛时转播混合区内的持权转播人员能够顺利完成他们的采访工作。我们的任务虽然不重，但也是场馆媒体及转播服务领域不可或缺的一个环节，得到了场馆老师及OBS工作人员的一致认可与好评。

（二）态度端正：积极亲切热情

在志愿服务期间，转播服务志愿者没有出现迟到、早退的情况，每一天都以饱满的热情投入志愿服务工作。到了工作后期，许多持权转播商已经认识了我们，大家会亲切地跟彼此打招呼。此外，对于配合我们工作，向我们展示证件进行查验的中外转播人员，我们都会礼貌地表达谢意并报以微笑。对于岗位之外的问题，例如问路，我们也会尽自己所能提供帮助。

六、实践思考

（一）经验总结

1.情绪管理：保持形象风度

作为一名志愿者，微笑服务是我们每个人需要做到的。很多时候我们的服务对象会出现不理解场馆规定，或者有意无意违反有关规定的情况。最典型的例子就是有不少转播人员在没有辅助通行物的情况下依然希望进入转播混合区，不愿被志愿者阻拦。志愿者作为"占理"的一方，却要受到对方并不友善的对待，难免会存在不良情绪。通过这段时间的工作，我们学会了站在服务对象的角度思考问题。作为一名未来的新闻媒体人，应该理解新闻从业者希望采集新闻时的急切心情。在理解对方处境的情况下，我们才能端正自己的心态，心平气和地沟通、解释场馆和OBS的相关规定。同时，我们作为冬奥志愿者，可以说是中国青年向外展示的一张"名片"，代表着中国青年大学生的形象，因此更需要保持礼貌，不失去作为一名志愿者应有的风度。

2.时间管理：合理统筹分配

在进入闭环前，很多志愿者都有一些学业任务，在志愿服务期间也同样需要不断夯实自己的专业基础、提升能力。在冬奥会正式开始后，转播服务志愿者只需在下午比赛时到达场馆，因此我们可以利用上午及晚上的时间来提升自己。对于转播服务志愿者孙鼎龙来说，他会在上午安排英语和西班牙语的学习，在备战雅思考试的同时，增加自己今后就业的竞争力。在冬奥志愿服务的同时进行语言学习，还能提高志愿服务的质量和水平，提升同外国服务对象的沟通能力。工作结束回到驻地后，他会选择在驻地房间内锻炼身体，提升自己在工作期间的免疫力和抵抗力，或是阅读书籍。在前往场馆之前，我们还可以午睡，以确保下午饱满的精神状态。这样的时间安排，使我们既能够做到在工作中集中注意力、专时专用，又能充分利用工作之余的时间进行自我提升。在结束志愿服务，离开闭环之后，希望我们能够在面临更多外界干扰的情况下，继续保持自律，合理规划、安排自己的时间。

（二）未来发展

1.精细场地规划划分

转播商观察席座位与记者看台席为场馆一楼的同一入口，即E9入口。入口处验证点的权限为4区和5区，进门之后下方的所有席位（包括带桌媒体席与不带桌媒体席）均为文字记者席位，即通行权限为4区，注册卡标明"E""EP""ENR"，底色为黄色的媒体人员席位，而转播商的观察席则位于E8入口处的楼上。

但因观察席的位置比较隐蔽且无任何指示标志，在实际赛事运行过程中，许多5区的转播商工作人员因找不到观察席座位而落座于4区的媒体看台席，导致不同领域人员交叉，甚至有时导致媒体看台席人员过于饱和，真正拥有4区权限的文字记者无法落座。但因媒体看台席志愿者与工作人员数量有限，且媒体看台席座位数量多，责任面积广泛，所以无法逐个确认落座的媒体是否拥有相应权限。

2.加强赛事秩序管理

在中国选手高亭宇夺金当日，转播商数量激增，我们的验证工作出现了顾此失彼的情况，导致部分没有辅助通行物的人员进入转播混合区，使转播混合区内出现了一定程度的混乱。部分国家的媒体因为预订的位置被占，向OBS方面提出投诉。这一问题的出现一方面是因为验证点工作人员数量较少，逐个查询辅助通行物工作效率较低，难以应对大量转播商。另一方面是因为志愿者对于部分不配合验证的转播商没有做到有效的阻拦。

面对这种情况，一方面，应当增加工作人员数量。国家速滑馆本次冬奥会转播服务领域仅有P类人员两名、V类人员两名，以至于在这种情况下没有机动人员应急。同时也应当加强志愿者培训的针对性，转播服务工作需要运用到一些英文术语，提前对志愿者进行有针对性的培训，可以使之在突发情况面前也能有所准备。另一方面，应当改善目前转播混合区的布局，转播混合区紧邻新闻运行混合区，会出现人员交叉的混乱状况，同时两区域共用同一入口，且入口处较为狭窄，能够容纳的工作人员有限，因此更容易造成混乱，在突发事件出现时也较难处理。

3.挖掘冰雪运动发展经验

自北京成功申奥以来，各项工作逐步开展，场馆的改造、各设施的建设、人才的吸纳、赛前的筹备、赛时的运行、赛后的收尾……我们完成了很多过去不曾做过、不曾做到的事情，获得了宝贵的经验。

赛时筹备初期，国内冰雪项目高水平办赛人才缺口较大，北京冬奥组委向世界发出邀请，邀请冰雪运动领域的外籍专家及专业人才来到我国参与冬奥盛会的举办，并在国内先后出台了专家选聘、人才招聘、干部选调、实习生选拔、国内技术官员培养、筹办人员教育培训等86项政策，形成相对完善的人才培养和使用制度体系，既吸取外来优质经验，又自力更生培养专业人才，为我国日后冰雪运动体育产业的持续发展打下坚实基础。

4.树立承办大型赛事典范

北京冬奥会之后，也会有更多中国城市承办国际性体育赛事。承办大型赛事既可以提高城市的知名度，又可以快速提高城市的综合实力。奥运会可以说是国际最顶尖的赛事之一，且中国已经有了夏奥会和冬奥会双奥经验，日后无论是承办夏季运动赛事还是冰雪运动赛事，都有了依照的模板。

2022北京冬奥会给予了我们参与大型赛事转播服务的宝贵机会，让我们将在学校所学到的知识在亲身实践中内化为自己的新闻传播专业技能，真正做到了学有所用。不积跬步，无以至千里；不积小流，无以成江海。志愿服务的点点滴滴不仅是宝贵的记忆，更是积累的过程，这段经历必将成为漫漫人生路中的灯塔，指引我们未来前进的方向。

案例二十二　记者身后的支持

——2022北京冬奥会媒体运行记者工作间志愿者
服务案例

> **服务地点：**国家速滑馆
>
> **服务人员：**董晗萱、倪嘉婧

【摘要】本案例总结了笔者在北京冬奥会期间国家速滑馆媒体运行领域的志愿服务经历，从在此服务的亲身经历与切身体会出发，反映所在岗位特点，对在国家速滑馆上岗服务27天以来的具体活动、事例进行分析，总结工作成果，为各种大型活动的举办积累宝贵经验。

一、背景介绍

国家速滑馆又名"冰丝带"，是2022北京冬奥会唯一一座新建的冰上竞赛场馆，承办了北京冬奥会速度滑冰全部项目，在15个比赛日里共产生了14枚金牌。

国家速滑馆闭环内志愿者的业务领域众多，北京体育大学在国家速滑馆的志愿者主要服务于媒体运行领域。媒体运行分为文字、摄影、转播三个领域。文字记者的新闻运行区包括记者工作间、记者看台席、混合采访区以及新闻发布厅。部门之间属于平行关系，各部门配有一到多个主管。我们的岗位是新闻记者工作间及媒体休息区助理，主要负责文字记者工作区、摄影记者工作区及休息区的服务工作。这个岗位共有14名志愿者，其中6名来自北京师范大学，8名来自北京体育大学。岗位人员配置包括：文字记者接待台2名志愿者，摄影记者接待台2名志愿者，记者工作间1名志愿者，媒体休息区1名志愿者，四个验证点各1名志愿者。

二、岗位分析

（一）工作内容概况

由于文字记者工作区与摄影记者工作区相连，所以媒体运行岗位的志愿者和摄影部门的志愿者合作较多。在媒体休息区有茶点区和售卖点，因此我们和餐饮部门的工作人员也有联系。工作间有十几台电视，接待台有打印机，这些设备的维护需要我们和技术部门的工作人员合作完成。而整个工作间和休息区的环境卫生需要我们和保洁部门的工作人员一起来维护。新闻运行由一名经理来领导工作，我们记者工作间也有一位主管老师，同时，我们与看台席、混合采访区、新闻发布厅的其他主管老师也会有所接触。

（二）工作时间介绍

志愿者于2022年1月22日从北京体育大学出发来到国家速滑馆志愿者驻地——北京师范大学昌平校区，1月24日正式上岗。根据规定志愿者每日上岗时间不超过8小时。前几日每天工作时间为9：00—17：00，内容主要为熟悉场馆、布置工作区域、接待提前来访的少量媒体。2月1日起，为更好地利用资源，提高工作效率，开始实行早晚班制。无比赛的训练日早班为9：00—14：00，晚班14：00—17：00；正常比赛时间（下午16：00）早班为9：00—17：00，晚班为14：00—20：00。开赛后，上岗时间根据赛程安排进行调整，一般开赛前6小时开放媒体工作间，比赛结束后2—3小时关闭，分别对应早班上岗时间及晚班离开场馆时间。志愿者工作持续至最后一个比赛日（2月19日），共上岗27天。

（三）媒体运行技术设备应用亮点

在媒体运行方面，国家速滑馆有许多很有亮点的技术设备，"猎豹"就是其中之一。专门用于本届冬奥会速度滑冰转播工作的"猎豹"全称又叫"超高速4K轨道摄像机系统"。速度滑冰是人类不借助外界机械设备能够达到的最高时速的一项运动，要转播"地表最快"的运动自然也就需要最快的摄像机。"猎豹"的最高时速可达90千米，远高于顶尖速度滑冰运动员的70千米/小时的最高速度。"猎豹"不仅速度快、画质清晰还有可变速以及降噪的功能。除了"猎豹"之外，索道摄像系统（又称飞猫）也是转播的重要设备。"猎豹"在地面，"飞猫"在空中，"猎豹"在赛道外侧，"飞猫"在场地中央，它们相互配合，不仅记录和传播了一个个精彩的瞬间，也让体育赛事更加公平。

三、主要内容

（一）赛前

我们服务于国家速滑馆媒体运行领域，岗位是新闻记者工作间与媒体休息区助理。我们的服务对象面向来自世界各地的媒体记者，因此，从来到这里的第一天起，运行主管老师就跟我们强调，志愿者的良好形象是向世界展示中国风采的名片，一定要拿出最好的姿态迎接各个媒体的到来。与媒体看台席、混合采访区、新闻发

图1 摄影记者工作区环境

布厅相比，记者工作间涵盖三个小区域，是开放时间最长、面积最大的一个媒体运行区，这里的工作琐碎、管理难度大。

来到工作间的第一日及开赛前，我们一起对整个工作间进行了装饰布置。在日常工作中，我们主要负责在各个验证点核验来客注册卡信息、在工作间及休息区为记者提供帮助，如提醒办公的记者戴好口罩、协助记者在售卖点买餐食等。

（二）赛时

开赛后，因为实行早晚倒班制，在岗志愿者人数较少，我们同时来到摄影记者接待台协助工作，在这里主要是摄影记者辅助通行物（袖章）的兑换、登记，储物柜租借，以及回答一些记者咨询的问题，如开赛时间、到达各摄影点位的路线、获得场地进入许可的

图 2　媒体运行工作间志愿者工作日常

方式、往返巴士信息等。接待台的工作更加烦琐，也更需要志愿者耐心、细心。记者的问题不尽相同，我们需要认真聆听他们的诉求并有针对性地给出解答。

四、典型活动

（一）随机应变：调整袖章制度

摄影接待台的重要工作之一就是更换袖章。摄影记者如想要前往比赛场地（FOP）摄影，需要用MMC主媒体中心的绿色袖章更换NSS的蓝色袖章。每天摄影记者到达摄影记者工作间之后，如有前往FOP拍摄需求，要提前在摄影接待台进行登记。登记表分为训练和正式比赛两种，正式比赛的袖章一般在开赛前2小时定时发放。由于每家媒体的摄影记者都想抢占先机，占据更好的摄影点位，因此就造成了摄影接待台每到袖章发放时间就会出现应接不暇、手忙脚乱的情况，也出现了许多记者都说自己先到应该首先发放袖章的情况。我们对这个问题进行反思后调整了袖章发放制度：摄影记者可以提前在接待台登记，在比赛前两小时的时候，接待台志愿者会根据登记顺序，念到每位记者的MMC袖章号，根据顺序依次来更换NSS的袖章。这种先到先得的方式相对更加公平，调整之后，每次临近袖章发放时间，记者们都会井然有序地在摄影接待台前排好队。袖章制度的调整让我们和记者的工作效率都得到了提高。

（二）尽我所能：积极解决问题

北京冬奥会比赛场馆很多，一般记者都会在各个场馆之间来回往返，但是有一位俄罗斯女记者几乎每天都会来国家速滑馆。我在第一个工作日的时候就遇见了她。我们的第一次交流并不是很愉快。按照防疫规定，记者工作间需全程佩戴N95口罩，记者只能在规定的媒体休息区摘下口罩饮食。但是工作间有几个高脚桌，很多人会误认为这里也是休息区，这位女记者就是其中之一。我匆忙地上去提醒她，她非常尴尬地表示以为这里可以吃东西，但还是非常配合地戴上了口罩，我没来得及说感谢，她就逃也似的走了。之后每次看到她，我都会想起那天的尴尬。直到有一天，她突然很着急地到摄影接待台询问有没有充电宝和苹果充电线，因为自己的充电线丢了，手机仅剩5%的电量，但有很重要的信息需要发送。虽然我们工作间配备了充足的插座，但是并没有充电宝和充电线，接待台的志愿者也没有。我在媒体休息区看到了这一幕，想起自己包里

图3　工作人员向志愿者表示感谢

有充电宝，就马上取过来借给她。她很真诚地看着我的眼睛对我说感谢，我也笑着跟她说不客气。那一刻，前几天的尴尬终于烟消云散。我也突然明白了那句"志愿者的微笑是北京最好的名片"的真正含义。

（三）主动承担：客串语言服务

在我们负责的媒体休息区有一处售卖点，由餐饮部门的工作人员负责。售卖点也配有来自北京语言大学的语言服务志愿者，配合做一些翻译的工作。某一天中午，我轮岗到休息区，突然餐饮部门的姐姐找上我说他们的语言服务志愿者去吃饭了，问我如果一会儿有外国记者来买东西可不可以帮忙翻译一下。我欣然答应。一到饭点，就是休息区人最多的时候。我陆陆续续地客串了几波记者的翻

图 4　媒体运行记者工作间志愿者合影

译，和食品部门的伙伴们一起完成了好多订单。挨过了饭点，食品部的姐姐向我道谢，我特别开心。之后我们就成了朋友，有时负责语言服务的小伙伴未能到岗，我也会主动去帮着他们客串翻译。

一场冬奥会的举办，离不开每一个岗位的辛勤付出。当所有人都在午休吃饭的时候，却是食品部门的伙伴们最忙的时候。正是因为所有人的坚守和大家的团结合作，才保证了每一个环节的顺利进展。

（四）劳逸结合：不一样的中国年

北京冬奥会正值农历新年，大年初一，工作间和休息区里也都添加了很多春节元素。茶点区用冰墩墩贴纸粘在墙上的倒福字和餐桌隔离板上的窗花，引来了许多记者围观拍照；食堂的盆栽上也挂上了许多"雪容融"；各个办公室门上的春联"争奇斗艳"，有的书

图 5　媒体运行记者工作间志愿者与工作人员合影

法写得龙飞凤舞，有的用了创意英文，还有许多加入了冬奥元素，如在福字上画了可爱的冰墩墩；还有很多志愿者在注册卡上挂上了中国结，有许多外国记者看到后表示十分新奇喜欢，用自己的徽章换走了大家的中国结。通过这些方式，我们不但给国家速滑馆增加了年味儿，也传播了中国的传统文化，让世界看到了属于中国的浪漫与热情。

（五）安全第一：消除安全隐患

2月13日，北京迎来了一场大雪。因为楼顶会有积雪积冰，行人在经过工作间门口的一个下沉庭院时可能会被落雪砸到。物业考虑到安全问题，将下沉庭院到工作间的门锁上了。我们也在通往下沉庭院的步行梯口的指示牌上张贴了提醒。但是很多记者习惯通过这条路走到工作间且并未注意到提醒，不少记者走到工作间门口发现锁门之后还要再原路返回，更增加了安全风险。于是，主管决定把警示线和路障搬到楼梯口，再张贴上更加醒目的提示标语。我和主管一起去搬警示线和路障，走到楼梯口时，刚好遇到了也在想办法封住楼梯口的张主任。于是我和张主任一前一后抬着路障，主管拎着警示线，终于把那个危险的入口堵得严丝合缝。虽然我觉得这都是我们分内的事，但是事后张主任还是奖励了我们咖啡。通过这样小小的一个举动就能保证更多人的安全，我觉得我们的付出与努力非常值得。

（六）友谊长存：记者临别感谢

2月19日是国家速滑馆的最后一个比赛日。通过这些天的工作，我们也和许多可爱的记者成了朋友。离别总有不舍，于是我们想了很多方式来留念。OBS的小伙伴们在一楼门口挂了小黑板，写满了各式各样的留言；记者看台席的小伙伴们一起画了一张很大的画，张贴在媒体看台区的大门上；摄影领域的小伙伴们制作了感谢信，信的正面是大家的合照和想说的话，背面是每个人用各种语言写下的祝福语，也有大家涂鸦的冰墩墩。临别前有记者对我们说："你们是我见过的最好的新闻运行团队。"那一刻，我们觉得所有的努力都无比值得。

图 6　媒体运行记者工作间志愿者收到的感谢信

五、成效评价

（一）保障媒体运行，构建赛事桥梁

"一届赛事举办得好不好，媒体说了算。"国际重大赛事的举办，是为了传播奥林匹克精神与东道主国家及城市的文化理念，而媒体正是大赛最大的口碑和传播群体。奥运会被称为"媒体的运动会"，媒体通过镜头、笔头，将奥运会的精彩瞬间记录下来并向世人传播。因此，体育赛事媒体运行工作的顺畅与否是此次奥运会口碑好坏的关键。在工作中，志愿者运用所学知识与出色的语言能力，为来到场馆进行新闻报道的媒体记者解决差异化、多元化需求，通过提示、引导、帮助，为媒体工作的顺利运行提供了坚实有力的保障，架起了媒体与国家速滑馆精彩赛事之间的桥梁，打响了冬奥传播中首都志愿者的金名片。

（二）内外赞赏有加，收获高度关注

赛事结束时，国家速滑馆新闻运行经理尹依雯老师对我们志愿者的工作表达了充分的认可与感谢。她说，没有我们的帮助，速滑馆的新闻运行工作不可能进行得如此顺畅，所有志愿者团结一心，齐心协力，用热情和专业度"征服"了来到这里的每一位记者。同时，自上岗以来，志愿者在接触许多外国记者、运动员的情况下做到了零感染，既确保了自身安全，又给媒体朋友带来了贴心、温暖的服务。

同时，我们的服务对象——媒体记者也对我们的工作给予了高度评价。每次在接受我们的帮助后，记者都会向我们道谢或点头致意。经过长时间的相处，我们与一些记者渐渐相熟，甚至成为朋友。

北京冬奥会开幕以来，各大媒体对志愿者工作给予了高度关注。国家速滑馆冬奥会志愿者服务保障工作已获得来自冬奥组委、新华社、人民网、央视网、共青团中央、中国青年报等多部门和主流媒体的100余篇报道。《焦点访谈》节目说道："一身'天霁蓝'，一颗火热心。一个个冬奥志愿者，温暖着赛场的每个角落，一张张

灿烂的青春笑脸，为冰雪盛会增添亮丽色彩。从2008年到2022年，志愿者的微笑一直是北京最好的名片，而'奉献、友爱、互助、进步'的志愿精神，也已成为新时代中国青年的价值选择。"

六、实践思考

（一）经验总结

1. 掌握语言的艺术

如何成为一个好的志愿者，或者说如何做好冬奥志愿服务工作，我们在这次宝贵的经历中也有了更深刻的体会。首先要学习英语，提高口语水平，了解各国不同的文化。语言是沟通的桥梁，而说话更是一门艺术。流利、有条理的话语总能让交流更加顺畅，如果再加上一些幽默感可能会起到更加意想不到的效果。如果有精力还可以选择学习些小语种，用对方的母语交流，往往能更快拉近彼此之间的距离。

2. 增强灵活性与变通性

有一次，一位记者很着急地来到接待台询问我们有没有苹果电脑充电器，但是我们问了一圈都没有人携带，最后也没能帮他解决这个问题。事后我们也在反思，其实工作间有很多记者都有苹果电脑和充电器，我们完全可以帮助这位记者向其他有苹果电脑充电器的记者借用。

3. 保持主动和真诚

志愿者作为冬奥一线的重要组成部分，代表着北京冬奥的形象，也肩负着传播奥林匹克精神的责任。作为北京冬奥会的名片，我们用微笑迎接每一位媒体朋友的到来，这微笑背后的深意就是真诚与善意。我们要做中国优秀文化的传播者。春节期间，我们能够看到许多外国记者对中国农历新年很感兴趣，但却并不了解。有一天工作时，我们很幸运地碰到了来国家速滑馆采访报道的日本"网红"记者辻冈义堂，他因为喜爱冰墩墩而屡次登上微博热搜，在和他聊天的过程中他也毫不掩饰地表达着对冰墩墩的喜欢和赞美。全身挂满冰墩墩、为人亲和的他也受到了大家的欢迎。我们很高兴能有外国友人喜欢、宣传我们的吉祥物，也要借此机会，将文化的种子播撒向世界各地，用自信的怀抱迎接八方来客。奥林匹克运动会也是世界文化交流的盛会，作为一名志愿者，我们更加应该积极主动地去做中国优秀文化的传播者，用实际行动讲好中国故事，传递好中国声音。

（二）未来发展

1. 夯实全民健身基础

冬奥会的成功举办意义重大。体育是社会发展和人类进步的重要标志，是综合国力和社会文明程度的重要体现。中国冰雪运动基础原本较为薄弱，通过举办北京冬奥会，我们正在补齐体育强国建设的短板，夯实全民健身的根基。不同于夏季项目，冬季运动受到自然条件、场地设施及参与成本等条件的制约较大，在国内的普及度还不算高。习近平总书记强调："我们申办北京冬奥会，一个重要目的就是推动我国冰雪运动快速进步，推动全民健身广泛开展。"[①]没有全民健康就没有全面小康。过去，冬季进行的冰雪活动较少。现在，随着"3亿人上冰雪"的伟大愿景成功实现，冰雪运

---

① 办好冬奥会，总书记反复强调这个理念［EB/OL］. (2021-01-18). http://www.xinhuanet.com/politics/xxjxs/2021/01/18/c_1126996422.htm.

动已成为人们冬季户外锻炼的主要方式。从应运而生的愿景到人们心中根深蒂固的理念，席卷全国的健身热潮正在记录着中国人的健康生活方式与昂扬的精神风貌。

2.持续提高专业素养

通过此次在媒体运行领域的志愿服务，我们更加意识到，体育赛事的媒体运行服务至关重要。通过获得优质的服务，媒体记者得以顺畅地在场馆内获得所需信息，完成自身工作，继而充分发挥自身在传播方面的资源和实力，展现大型赛事的良好形象，以此推动和扩大赛事的影响力。无论是什么样的大型赛事，不管是在赛前、赛中还是赛后，都需要通过传播增强媒体影响力，加大宣传，让媒体和体育之间形成良性互动。

3.传承奥运遗产

在服务过程中，我们接触了许多来自世界各地、各大机构的媒体，因为他们的记录，奥林匹克赛事、文化以及我们作为东道主展现出的优秀组织能力与大国风采得以被传向世界。我国在举办冬奥会的同时也需要完成好一项重要的文化活动——奥运遗产的记录与传承，这也是举办各类大型活动需要借鉴学习之处。北京冬奥会过后，冬奥带来的许多优势，如可持续发展模式都将延续。北京冬奥会筹办6年多来，北京、张家口两地紧抓冬奥机遇，整合资源、形成合力，大力推动体育产业、文化休闲、冰雪旅游融合发展，打造"京张体育文化旅游带"。以奥运品牌为纽带，依托丰富的奥运场馆资源，以高水平冰雪赛事、奥运文化教育活动和冰雪旅游为抓手，为京张地区的体育、文化与旅游的融合发展注入新的活力。作为"双奥之城"，北京的许多场馆、文化活动也将作为奥运遗产永久保存。举办大型活动，更应借活动之力，促进地区经济与文化的协同发展，提升城市形象，为可能存在的短板部分注入新动力。

聚光灯前，来自世界各地的媒体记者热切地捕捉着每一个惊艳绽放的瞬间；聚光灯后，也有同样一群人在默默努力和奉献着。北京冬奥组委评价媒体运行志愿者是"聚光灯后那份永不熄灭的光"。奥运将我们团结在一起，将全世界的目光汇聚于北京，将中国的风采传向世界。同心聚力，共创辉煌，这次宝贵的冬奥志愿服务经历，我们必将终生铭记。

案例二十三　部门间的黏合剂

——2022北京冬奥会新闻发布厅志愿者服务案例

服务地点：国家速滑馆

服务人员：郭艺澜

【摘要】本案例聚焦国家速滑馆媒体运行部门新闻发布厅助理岗位的工作流程与工作内容，简要介绍新闻发布厅的布置设备以及和其他志愿岗位的关系。通过对志愿工作主要活动的分析，提高自身专业技能，总结工作经验，为日后大型赛事的开展提供案例支持。

一、背景介绍

在本届冬奥会中，国家速滑馆承担了速度滑冰分项的全部小项，共诞生14块金牌，是本届冬奥会诞生最多金牌的场馆，也是召开发布会次数最多的场馆。新闻发布厅相关的服务工作是北京冬奥会媒体运行服务中不可或缺的重要环节。新闻发布厅志愿者的工作内容主要分为接待和引导冠亚季军、制作名牌，以及发布厅内维护与服务三部分。新闻发布厅在国家速滑馆的负二楼，与媒体运行混合区、运动员休息区、兴奋剂检测区开设在同一楼层，方便运动员活动。新闻发布厅助理主要在新闻发布厅、混合区、运动员休息区等区域进行工作和服务。

二、岗位分析

（一）新闻发布厅人员配备概况

媒体运行部门被划分为摄影运行和新闻运行，新闻发布厅助理便是新闻运行的下属岗位。在国家速滑馆中，新闻发布厅下设8名专业志愿者，即新闻发布厅助理，其中4名来自北京体育大学新闻与传播学院，2名来自北京体育大学国际体育组织学院，1名来自北京体育大学体育工程学院，1名来自北京师范大学历史学院。同时，新闻发布厅配备了一名志愿者主管老师。由于新闻发布厅的直播性以及记者提问与运动员回答的不可预知性，媒体运行部门负责新闻宣传的主管老师也将协同新闻发布厅工作。另外，由于新闻发布厅奖牌获得者引导员的任务十分重要，媒体运行的志愿者主管也将直接与相关志愿者进行对接。

（二）新闻发布厅岗位主要职责及工作时间

新闻发布厅助理的服务对象主要是运动员与媒体，工作主要分为三个部分：获奖运动员名牌的制作打印与摆放、获奖运动员的接待与引导、新闻发布会的接待与维护。在冬奥会正式开始前，新闻发布厅主管老师根据每位志愿者的英语水平、特长和性格特点安排岗位。有3名志愿者分别担任冠、亚、季军的接待员，1名志愿者进行名牌制作，4名志愿者留守新闻发布厅（其中，1名志愿者负责在发布厅入口对媒体进行验证，1名志愿者在准备室接待运动员，2名志愿者站在两侧麦克风旁对提问记者进行引导）。

新闻发布厅的工作时间从比赛结束前的30分钟一直到发布会结束最后一名记者离开发布厅，获奖运动员的接待员会在比赛开始前（自发）提前整理好各个参赛运动员的背景信息与照片。由于国家速滑馆的比赛大多在下午，因此新闻发布会志愿者们的工作时间也集中于下午至夜晚。通常情况下，新闻发布厅志愿者会乘坐中午的班车前往国家速滑馆，晚上再乘坐媒体运行的最后一班班车离开。

（三）新闻发布厅与其他岗位的关系

有时，新闻发布厅志愿者会协助混合区志愿者进行工作。例如，在混合区人手不够时，空闲的新闻发布厅助理会帮忙托举放置采访记者手机的盘子；在混合区的运动员接待员有时也会帮采访其接待运动员的记者举手机。

除了混合区，新闻发布厅的运动员接待员还会到兴奋剂检测区与运动员休息区工作。接待员会和兴奋剂检测志愿者对接，确定运动员是否有在新闻发布会开始前完成尿检的需求等。此外，新闻发布厅的运动员接待员有时还将与来自颁奖广场的志愿者进行对接，确定运动员前往颁奖广场的时间，以及防止运动员在未参加发布会的情况下前往颁奖广场。

在新闻发布厅内，除了新闻发布厅助理以外，还会有语言服务志愿者。新闻发布厅内会开设语言服务工作台，准备室内也会有语言服务志愿者为运动员分发同声传译设备、为媒体和运动员提供翻译服务。

（四）新闻发布厅技术设备概况

新闻发布厅除了有召开发布会的大厅外，在主席台的一侧，还配备了供运动员、教练员，以及其他陪同人员等候休息的准备室。主席台上设置了6台小型麦克风，供运动员和主持人使用，发布厅的两侧分别设置了一架立麦，供媒体记者提问使用。发布厅是两层楼高的大厅，第二层一侧有一个向外突出的小房间供同声传译使用（在本届冬奥会中该房间并未使用）。主席台对面有一个大约两阶楼梯高的小平台，供媒体设置摄像设备进行转播。转播平台的正中央与主席台的一侧分别设置了一台同声传译摄像机，与主媒体中心语言服务部门连接，承担本届冬奥会的同声传译工作。发布厅的一侧也摆放了多台同声传译设备，并配备了专业工作人员进行调试和使用。新闻发布厅共有5个入口，房间每个角落各一个，另外一个小入口直接连接准备室。

三、主要内容

（一）开幕前

两位新闻发布厅志愿者根据上级提供的图片与字体，提前制作运动员名牌模板，经过多次修改后确定最终模板。此外，他们提前制作了"GOLD"（金牌）、"SILVER"（银牌）、"BRONZE"（铜牌）三个牌子，以防赛时由于各种原因无法及时制作出获奖运动员的名牌。

图 1　新闻发布厅志愿者工作日常

（二）赛前

3 名负责接待和引导获奖运动员的志愿者在到达国家速滑馆后，会先前往负一层的记者工作间拿当日的比赛信息表，包括当日比赛项目分组顺序、参赛运动员个人最好成绩和赛季最好成绩表，以及目前的世界纪录和奥运纪录信息。之后，3 名志愿者会在网上检索上届奥运会以及赛季世锦赛的获奖情况，并将各位运动员的照片整理出来，以便快速辨识出自己需要接待的运动员。

负责制作名牌的志愿者会根据参赛运动员的个人最好成绩和赛季成绩提前打印好部分运动员的名牌，以确保能够在比赛一结束便及时准确地安放获奖选手名牌。

（三）赛时

3 名负责跟随运动员的志愿者将前往看台观看整场比赛，以便能够及时认出他们需要跟随的运动员。比赛结束前30分钟，新闻发布厅内的志愿者便会来到自己的岗位，准备服务。

（四）赛后

1.混合区阶段

比赛结束后，获得前三名的运动员会留在FOP准备进行颁花仪式（颁冰墩墩），其余运动员将陆续离开FOP进入混合区接受采访。此时，3名获奖选手接待员将离开看台前往混合区等候所应接待的运动员。负责名牌制作的志愿者会根据获奖名单摆放名牌。若获奖运动员在之前制作好的名单中，志愿者会直接前往发布厅进行摆放。若不在名单中，志愿者会尽快在电脑上制作好名牌，拷入U盘并在摄影记者工作台的打印机上打印出来（只有摄影记者工作台的打印机是彩色打印机），制作完成后，前往新闻发布厅进行摆放。

混合区分为转播混合区和新闻混合区，转播混合区又分为两个区域，运动员从FOP下来后，会先经过转播混合区第一个区域，这里是五大通讯社的专用转播区。接着，他们会进入转播混合区的第二个区域，在这里所有提前登记的、有权限的新闻媒体都可以设置机位进行转播。之后，他们便会进入新闻混合区，这里是文字记者的专业采访区。

获奖运动员颁花仪式结束后，便会前往混合区。由于没有权限进入转播区，3名志愿者会站在新闻区与转播区的交界处，辨识自己将要接待的运动员是否已进入混合区。3名志愿者与新闻发布厅主管以及媒体运行志愿者总负责人建立了一个小群，以对接各位获奖运动员的进度。3名志愿者需要及时在群内报备运动员的位置，比如是否已进入转播区，是否前往更衣室，是否有尿检需求，等等。

运动员进入新闻混合区后，三名志愿者便会兵分三路，开始跟随并服务自己被分配到的运动员。若运动员有陪同的新闻官或教练员，志愿者会先向他们介绍自己，并说明接下来的流程。这时，部分陪同人员可能会提出想先去更衣室的需求，志愿者需要及时在群里进行报备。

2.其他场所阶段

3名志愿者在开始工作前，会先领取蓝区升级卡，以获取能够跟随运动员进入运动员更衣室、力量房、兴奋剂检测区的权限。在部分情况下，运动员会要求先前往休息区更衣、整理衣物等。此时，3名志愿者便要跟随他们前往这些区域。某些特殊情况下，由于新闻发布厅内部暂未准备好，志愿者会先带运动员到休息区休息或进行尿检，待新闻发布会准备就绪后，再引导他们前往。

3.新闻发布会阶段

比赛结束后，会有媒体记者陆续进入新闻发布厅。此时，新闻发布厅的五个门将只开放直接连接准备室的小门和其对角的一个大门。1名志愿者在大门查看进入新闻发布厅人员的工作证，确定其为来参加发布会的媒体记者。运动员在准备好后会由3名运动员接待员分别带入等候室。语言服务志愿者将为其分发和讲解同传设备的使用方法，等候室的发布厅志愿者将引导其坐在主席台的指定位置。只要有一位运动员进入发布厅，发布会便正式开始。记者提问需要举手，由新闻发布厅主持人决定提问的顺序。提问的记者将前往两侧中任意一侧的立麦旁进行提问，如有同声传译并未准备的语种，将由相应语言服务志愿者站在另一侧立麦旁进行现场翻译。发布会结束后，新闻发布厅助理的工作便正式完成了。

（五）特殊情况

通常情况下，国家速滑馆每个比赛日将会诞生一枚金牌，举行一场新闻发布会。但有两天会分别诞生两枚金牌，也就意味着会有两组冠亚季军需要被接待，有两场紧邻的新闻发布会要举办。在这两天，除了原本就被安排接待获奖运动员的志愿者外，主管按志愿者的个人意愿另外安排了三名新闻发布厅助理接待运动员。新的小组负责接待先完成颁花仪式的项目的运动员，原有的小组负责接待后完成颁花仪式的项目的运动员。剩下的志愿者留守在发布厅进行机动服务。先完成颁花仪式的项目的运动员先进新闻发布厅，后面项目的运动员会被志愿者带去休息区先行休息。此时，会有部分运动员选择先进行尿检。

四、典型活动

（一）新闻发布会活动内容

新闻发布会是新闻发布厅最核心的活动。获得比赛前三名的运动员有权利和义务参加新闻发布会。希望获得更正式回答的媒体记者，以及未在混合区完成采访的记者等将对其进行提问。新闻发布会一般在比赛结束前进入准备阶段，运动员颁花仪式结束后记者媒体会陆续进入，运动员坐上主席台后新闻发布会正式开始。

图 2　新闻发布厅志愿者小组会议

（二）新闻发布会活动亮点

相比于其他媒体运行岗位的工作与活动，新闻发布会最大的特点是实时转播。和其他岗位不同，新闻发布会的志愿者工作更加正式，是国家速滑馆媒体运行岗位工作质量的直接对外展示。在新闻发布会上，志愿者虽不直接参与发言、表达观点，但由于全程参与转播，其工作带有对外宣传的性质。志愿者的一言一行也有可能被镜头记录。

（三）新闻发布会活动效果

国家速滑馆的新闻发布会较为成功，并未出现争端或不当提问的现象。根据不同项目的热门程度以及参赛运动员的热门程度，每场新闻发布会的参与媒体数量不定，少至个位数，多则座无虚席，在高亭宇夺冠当日达到顶峰。

五、成效评价

（一）协调各方，保障发布会顺利完成

新闻发布会是所有大型体育活动中的重要环节。新闻发布厅志愿者为北京冬奥会的成功举办贡献了不可或缺的力量。志愿者们完成了正确接待前三名运动员并引导其前往新闻发布厅的关键任务，为新闻发布会的正常召开奠定了基础。在新闻发布会的全程转播中，志愿者们始终对记者们的言论与行为保持着谨慎与机警的态度，为新闻发布会的言论安全提供了保障。在与运动员及其陪同人员的直接接触中，面对运动员从混合区结束采访到前往新闻发布厅之间的诸多临时状况，志愿者们始终保持着灵活的头脑，为在各种情况下顺利完成新闻发布会提供了保障。

（二）硕果累累，收到各方赞许感谢

总体而言，新闻发布厅志愿者们的各项工作完成得较为成功。一些志愿者在与部分国家领队、新闻官、媒体记者朋友的交谈中收获了赞许与感谢。志愿者们的工作也受到了来自志愿者主管、奥委会等的肯定。

图 3　新闻发布厅志愿者合影

六、实践思考

（一）经验总结

1. 不被框架所缚，懂得随机应变

志愿者在进行服务工作时应灵活多变，根据不同情况采取不同措施，不应被既定的服务框架束缚，应懂得随机应变。

例如，在比赛的第一天，接待亚军的志愿者遇到了"不按常理出牌"的运动员。按照安排，运动员会从混合区的唯一入口进入，并从唯一出口离开。但该运动员在结束采访后，飞速穿过转播混合区，从入口跑步离开了现场。虽然新闻运行志愿者没有权限进入转播混合区，但如果此时从其他地方绕路，很有可能跟丢这名运动员。而这位志愿者的任务是在运动员进入新闻发布厅前跟紧她。于是志愿者当即弯腰跟随运动员一路从转播混合区飞速穿过，并在她停下后，向她说明来意并顺利完成了任务。

又如，有一天的比赛是团体赛。当日，有一支国家队的3名运动员需要在参加新闻发布会前先行处理不同的事情。负责接待他们的1名志愿者没有办法随时紧跟每位运动员。于是，志愿者选择和他们的领队交谈，没有全程跟随运动员，而是一直跟随着他们的领队。待一切准备完成后，领队会通过手机联系所有运动员集合，共同前往新闻发布厅。问题迎刃而解。

2.做好充分准备，提升知识技能

在本次服务过程中，志愿者们会每天整理比赛信息和运动员背景资料，根据其个人最好成绩和赛季最好成绩对获奖选手进行预判，并提前从之前采访的镜头中整理出各个运动员的样貌。通过充足的准备，志愿者们工作的准确性有了极大的保障，同时也能根据运动员和国家队的不同背景信息，为其提供个性化的服务。

此外，在每日认真准备资料的过程中，志愿者们逐渐积累了充足的速度滑冰知识，系统地了解了速度滑冰，冬季运动知识储备得以扩充。在工作过程中，志愿者们也对大型体育赛事媒体运行服务的框架与流程有所了解，专业知识技能储备也得到了扩充。另外，也有志愿者表示，通过此次志愿服务爱上了冰雪运动，增强了其日后从事体育新闻工作的渴望。

3.友好是交流的首要原则

在和众多来自不同国家的媒体、运动员，尤其是非英语母语国家的人员交流的过程中，志愿者们发现英语的地道口音并不是交流的绝对标准。大多数的服务，并不需要有完美的英语口音，只需要掌握易于理解的基础词汇即可。与不同国籍的人交流最重要的是拥有敢于交流、渴望交流的心和友好、一视同仁的态度。真诚和友好也会换来他人的尊重。

（二）未来发展

1.统一规格标准，提高工作效率

在制作新闻发布会名牌时，奥委会发来的模板与打印纸张并不完全匹配，场馆准备的纸张与名牌架的大小也并不相符。志愿者需要提前在模板上画好标准线，待打印出名牌后再用小刀进行裁剪，且彩色打印机会打出一条无法去掉的白边，也需要后续进行裁剪。诚然，这些问题都是可以解决的小问题，但是各个场馆之间的沟通工作不到位，导致每个场馆的应对方法不一致。比如，国家速滑馆用一套不容易看出白边的浅色模板替换了原有的深蓝色模板，而首都体育馆则完全沿用了之前的名牌模板。因此，两个场馆新闻发布会的名牌样式完全不同。

2.加强人才储备，提升专业技能

为大型体育赛事服务做好准备，需要增加学生对具体特定体育项目基础规则与专业术语的了解。媒体运行服务人才培养还需要尽可能地提高学生的新闻素养与各项专业技能。为国际大型赛事服务输入人才，还需要着重培养学生的外语能力与沟通表达能力，保证其能够与外国人员无障碍沟通。此外，也可以在培养过程中补充一些体育赛事服务常用英语专业术语，以保证学生能够更快地适应国际赛事的专业化环境。

新闻发布厅志愿者的工作就像黏结剂一样连接着各方，保证发布会的顺利召开。在赛事服务过程中，我能够最大限度地在实践中检验自己的专业知识与技能，并积累实际操作的经验。北京冬奥会的巨大感染力也使我在不知不觉中提高了学习体育赛事项目与专业知识技能的兴趣。弘扬志愿精神，播撒爱心火种，传递中国声音。2022北京冬奥会志愿者的工作经历对我而言历久弥新。

案例二十四 在风雪中前进

——2022北京冬奥会BTP志愿者服务案例

服务地点： 张家口赛区冬季两项中心

服务人员： 傅海晴、候美珍

【摘要】本案例聚焦志愿者在2022北京冬奥会张家口赛区冬季两项中心OBS工作区的志愿服务经历。通过对赛事服务和场馆运行两个岗位工作流程、工作时间和典型事件的记录，进行经验总结，从而提高自身专业技能，弘扬志愿服务精神。

一、背景介绍

国家冬季两项中心，位于河北省张家口市崇礼区四台嘴乡，是2022北京冬奥会张家口赛区冬季两项比赛场馆，是中国首座经国际认证的冬季两项比赛场馆，赛时将承办冬奥会和冬残奥会冬季两项项目的全部比赛，赛后将继续承办世界级赛事以及作为国家训练推广基地使用。

OBS以岗位对接学校，北京体育大学获得赛事服务和场馆运行两个岗位的培训资格。赛事服务岗位隶属OBS的后勤部门。官方对这个岗位的介绍是：配合转播团队提供赛时服务，包括处理航班、住宿、地面运输等。实际上，赛事服务的工作要比这丰富很多，且会根据场馆的不同而发生变化。场馆运行岗位的官方介绍是：帮助场馆的转播制作有效运行，给以场馆为基础的员工转播团队提供支持。

二、岗位分析

（一）赛事服务岗位

冬季两项赛事服务志愿者每日的班车时间都有所不同。赛前的时间为8∶45之前到班车前确认后上车，19∶00班车返回酒店。赛时的上下班时间为10∶00—11∶00出发，20∶00—21∶00返回酒店。赛后几天恢复赛前的时间表。

冬季两项中心赛事服务岗位志愿者的工作具体包括：检查每日DDS班车是否到齐并仔细核对乘车人数；帮助场馆OBS工作人员完成每日签入和签出；时刻确保餐厅的冰箱有充足的饮料和水；将仓库的工作制服分发给已经报到的人员；监督工人完成装卸货、清扫等工作；完成中外人员对接时的翻译工作；任何需要机动完成的工作。

（二）场馆运行岗位

赛前，即2月4日前，一般是9∶00出发去场馆，18∶00乘坐班车回酒店，比较统一。赛时，工作时间与每天的比赛时间挂钩，比较灵活，班车会在11：00左右发车，比赛大部分17：00开始，比赛结束即可下班。场馆运行岗位志愿者具体会涉及以下几项工作：

摄像机的搬运和架设；安装和维护麦克风等电子设备；视频和音频线缆的拆接；给手持摄像师喂线；保护摄像的画面不被穿行的人群破坏；排除潜在风险；提醒摄像师可能出现的精彩镜头。

三、主要内容

（一）赛事服务岗位

1.赛前：为赛时做准备

赛事服务的志愿者来得比所有志愿者都要早，就是为了在大部分人来到场馆以前把一切安排妥当。他们每天到岗后的第一件事是去仓库的几十个大箱子内找到今天报到人员的制服并送到OBS办公室。为了提高工作效率，志愿者们花时间把所有箱子的人名统计出来，给之后的工作带来便利。其他前期的准备工作包括：带领清洁工人去分散在场馆各处的媒体房间进行清理；监督搬运工人把仓库的椅子运到评论员房间并按需分配好；给中方的技术人员做翻译等。如果任何其他部门的经理需要帮助，赛事服务志愿者也会参与其中。

2.赛时：为赛事保驾护航

等到几乎所有人员到齐后，志愿者的工作就变得规律有序起来。每天上午提前15分钟到达酒店门口确认班车是否来齐，提示前往冬季两项比赛场馆的所有人上车，等到班车几乎坐满时清点人数并确认发车。来到驻地后，志愿者第一时间到餐厅入口处帮助所有上班的人完成每日签入，查看餐厅的冰箱是否还有饮料，如果没有需及时把仓库内一定数量的水和饮料搬入冰箱。午餐时，志愿者们轮流帮助来就餐的人员完成餐前系统登记。

14：00—15：00左右，所有人员开始投入比赛的工作，赛时服务志愿者们可以稍作休息，并且时刻注意是否有其他OBS工作人员需要帮助。等到比赛结束后，志愿者便会确认回酒店的班车是否到来，帮助所有人完成下班签出，并清点每辆车的上车人数，最后跟随部门副经理乘坐最后一辆班车回到酒店。

3.赛后：进行收尾工作

很多OBS工作人员在比赛结束后的第二天就已撤离，但部分赛时服务志愿者还要进行接下来的收尾工作。内容包括：收拾仓库、将越野滑雪场馆的物资运到冬季两项仓库、配合中外技术人员完成货物的装卸和运输等。

（二）场馆运行岗位

1.赛前：进行准备工作

在比赛开始之前，场馆运行志愿者需要辅助技术人员将所有的摄像机位、线缆、收音设备等在制作团队到来前架设完毕。之后还需要通过给摄像平台绑防风布等措施，保障摄像师在恶劣风雪条件下也能正常工作。与此同时，还需要拿着机位图踩点核实每个摄像机的位置并贴上主转播商的识别标签。此外，志愿者还要熟悉转播综合区里各种办公室、制作间、持权转播商工作间的准确位置，方便之后的联络和进行物件投递。

2.赛时：牢记四个地点

无线摄像机因为没有电源供电，需要使用外接电池并且电池在低温条件下耗电快，因此需要场馆运行岗位的志愿者帮忙更换电池并及时给换下的电池充电用以持续更换。在比赛结束的颁奖部分，志愿者需要帮助摄像师搬运、架设三脚架，保护摄像师不受周围摄影记者的干扰。

摄像机的第一个位置是检录区，用来拍摄运动员检录以及技术官员对射击用枪的检查，检录区在比赛开始前1小时30分钟就要开始传输信号，这时的画面信号称为MCF（观众看不见的，如运动员热身准备区的画面）；第二个位置是靶场，用于从运动员背面拍摄射击动作，让画面呈现运动员视角，在不同分项时还会拍摄教练员的反应；第三个位置是结束区，用来拍摄运动员与教练队员相拥庆祝、交谈的画面；第四个拍摄位置是颁奖台，这时摄像机不再肩抗，而是上三脚架，在正前方拍摄颁奖仪式。

图1　场馆运行志愿者合影

四、典型活动

（一）确认货物状态，完成物资保障

确保所有货物准时到达指定地点是后勤部门尤为重要的一项工作，而大部分货物都集中在赛事开始之前到达，因此调度和核验工作如何展开决定了诸多货物能否按时到达。因此，志愿者们在赛前要负责跟进OBS工作区内所有的货物到达情况，包括OBS办公室、食堂、各个媒体工作间、摄像团队工作间、BIO、CCR（评论控制室）和评论员房间等。

例如，NBC的转播团队会于某日下午到达他们相应的工作间，而当前他们所需的家具正要卸货，且工作间内摆满了属于评论员房间的座椅。志愿者要做的就是指导搬运工人卸货并签收，安排他们把座椅搬到评论员房间，联系CCR的经理确认椅子在各个房间分布的数量，再指导工人将座椅搬进每一个房间，以保证下午NBC的团队到来之前，他们的工作间是干净且设备齐全的。看似简单的工作，实际却要在一下午完成，可绝非易事。不仅要考虑搬运工人的休息时间，还要考虑工人的人数、是否有货车配备、能否在NBC的团队来之前将工作间的杂物清理干净。这一切都是为了货物能及时到达相应场地，保证其他后续准备工作的顺利进行。

（二）协调各方需求，完成沟通工作

后勤部门的志愿者最频繁、最机动的工作就是协调各方并解决问题，时常需要对接工作区各部门的OBS员工、奥组委的中方工

作人员以及其他场馆的后勤人员，例如给奥组委的技术人员和OBS员工提供翻译服务以及与其他场馆的制服调换等。其中，最典型的是临赛前食堂的供水问题。由于天气寒冷，食堂原本的供水管冻裂了，彼时距离开餐日期仅剩几天，供水跟不上就会导致场馆内200余名员工的餐饮出现问题，厨房的厨师们和其他员工屡次向后勤部门反映，但室外温度过低，技术工人难以找到新的方法，就把厕所的水管接了过来。厨师们听后纷纷表示不可以接受，要求我们尽快解决此事。我们只好一边安抚大家的情绪，一边赶紧沟通其他的供水方案。最后，在技术工人通宵辛苦抢修之后，食堂的供水难题得以解决。

（三）应对恶劣天气，保障转播工作

2月13日遇大雪，天气十分恶劣，室外温度低于零下20℃，且女子、男子追逐赛连续进行，可以说是整个冬季两项赛程中具有挑战性的比赛日之一。

到达场馆签到之后，场馆运行的志愿者马上进行技术测试。所有摄像师去到机位，测试摄像机是否正常工作。57、58、59号摄像师们在特设室取到设备后也前往靶场测试。场地的能见度很低，整个赛道场地的灯全打开了，靶场供运动员判断风力的小旗呼啦啦地飘，让人担心今天的比赛很可能要推迟，毕竟风速和能见度会影响射击，滑行也增加危险性。

下午的比赛和转播紧张有序地进行，57、58、59 RF小队风雪中蓄势待发。天气真的很冷，我们的帽子和头发遇上呼出的气体结上了冰碴子，雪地靴里的脚冻得没有知觉。不过那天的转播在恶劣的风雪中顺利完成，我们做到了不可能做到的事！

图2　场馆运行志愿者进行户外工作

五、成效评价

（一）胜任岗位工作，超额完成任务

虽然干着琐碎而简单的工作，但是我们圆满地完成了此次冬奥会冬季两项比赛场馆的任务，鲜少有失误的地方。摄像组的员工在雪中辛苦拍摄，而我们则是尽可能地保证转播以外的其他事宜顺利进行。我们在赛道甚至各个场馆之间穿梭，搬运需要的物资，同各种人耐心协调，尽心尽力地完成了一个个的小任务，为冬季两项赛

事的成功举行添砖加瓦。

（二）外部赞扬不断，获得高度评价

后勤经理（BLM）对所有赛事服务的志愿者都给予了高度评价，她说我们是一个非常了不起的团队，并感谢我们的精彩表现。不少冬季两项中心的其他OBS员工也对我们的付出表示感谢，希望以后可以再次见面。

图3　冬季两项中心志愿者合影

六、实践思考

（一）经验总结

1. 主动应对问题，避免坐以待毙

我们都知道，及时完成手头的任务十分重要，当天的任务一定不要拖延到第二天。如何把控全局、掌握时效是志愿者们的必修课。有一次，VTM（场地技术经理）向后勤经理提出下午必须派清洁工人去场地的几个房间打扫，于是经理便派我们去找清洁工人商量此事。当时已是中午，正值他们吃午饭休息的时间，于是我们就让他们两点过后再来冬季两项工作区。过了两点，清洁工迟迟不来，我们担心他们是不是另有任务。还好副经理出来解围，亲自给保洁队长打电话，把清洁工人调了过来。果不其然，他们没有遵守约定，去别的场地工作了。副经理此时教导我们，中午时就应该主动要到清洁队长的电话，一旦有特殊情况还可以随时沟通，不要等别人来找你。这件事也让我们明白：主动出击并解决问题才是最高效的做法。

2. 依据具体情况，随时调整方案

身处后勤部，志愿者们必须学会同时处理多项任务，在确保每日必要工作完成的同时，按时完成突如其来的任务，并及时向经理汇报。也正因如此，志愿者们已经可以随机应变，中英文随时切换，随时随地接受新的挑战。

（二）未来发展

1.加强信息传递，细化防疫条例

出于疫情防控的考虑，本次冬奥会采取了"闭环管理"的措施，由此有了环内与环外之分，环内的人不能出环外，环外的人也不得随意进入环内。这是十分有效的举措，但也伴随着许多问题。例如，我们有一次需要和工人们一起乘坐雪地摩托，将赛道旁一处工作间的东西搬到另外一个角落的工作间，但经过与上级和OBS员工的反复沟通，都难以界定另一间房处于环内还是环外，出现了很明显的信息不对等问题。如果环内与环外的界限更清晰一些，我们当日的工作会少很多麻烦。

再例如，某日赞助商理应把冰箱亲自送至食堂门口再签收，但是由于缺少前期的协商，搬运冰箱的工人们被保安拦在了闭环外，几个志愿者只能去闭环口签收冰箱，并推行300余米，经过几番波折才安置好。环外人员进入环内并非不可能，也就是说如果事前就有所沟通，环外人员与环内人员的工作交接也不会如此困难。

2.精细时间规划，提高周转效率

闭环内，班车是为数不多能够前往驻地以外区域的交通工具，是大多数人下班后或者休假时会选择的方式。班车线路错综复杂，且每日的时间表都不同，因此决定出行前必须先规划好路线。虽然能体会班车司机和调度人员们的辛苦，但不得不承认，环内班车有两个很明显的缺点：一是速度普遍比较慢，通勤时间长。从张家口的酒店到场馆基本上都需要30分钟以上。如有一次，由于从主媒体中心到清河站的班车通行时间过久，导致一位挪威队的教练错过了他们的奥运时刻。二是中转次数多，调度存在问题。张家口班车的线路复杂，许多车次都需要先到达ZPC（张家口新闻中心）进行中转，耗费时间过久。尤其是冬奥会结束后，ZPC永久关闭，班车路线没有变化，由此到达ZPC进行中转的人只能在门口受冻等车，如果班车之间的空档时间过长，在外面吹冷风的时间也会增加。

冬季两项中心位于张家口，在交通方面略有不便，但再远的距离也无法阻隔志愿者工作时的热情。面对恶劣天气，我们迎难而上、坚守岗位，保障赛事的正常运转。"长风破浪会有时，直挂云帆济沧海。"2022北京冬奥会的顺利举办不仅承载了个体的梦想，更传递了中国的名片。相信这段志愿服务经历会在我以后遇到困难时给予我前进的力量。